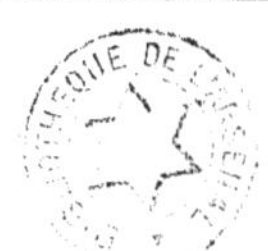

Oratorij parisiensis Catalogo Inscriptus.

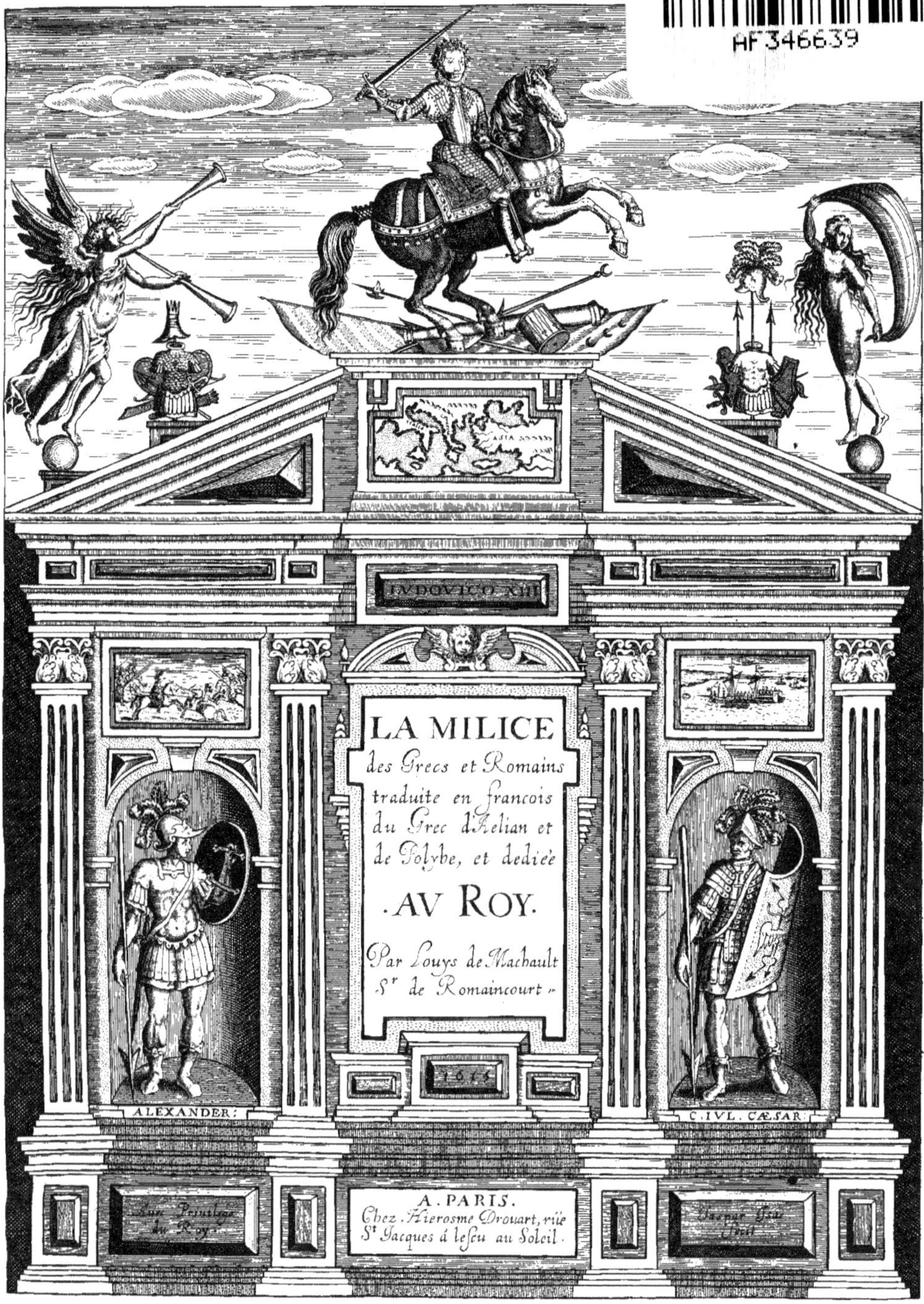
ASIA
LVDOVICO XIII
LA MILICE
des Grecs et Romains
traduite en francois
du Grec d'Ælian et
de Polybe, et dediée
.AV ROY.
Par Louys de Machault
Sr de Romaincourt.
1615
ALEXANDER:
C.IVL. CÆSAR.
Auec Priuilege du Roy.
A. PARIS.
Chez. Hierosme Drouart, rüe
St Jacques á l'escu au Soleil.

AV ROY.

IRE,

Si la Vertu qui mit iadis le sceptre en la main des grands Capitaines, s'estant renduë hereditaire à leur posterité, fut cause d'appeller les Roys de race enfans & nourrissons de Iuppiter, à raison des prééminences que la naissance & l'instruction leur donnoit pardessus le commun des hommes;

Les faueurs du Ciel respanduës sur l'auguste naissance que VOSTRE MAIESTE' tient de la plus saincte & plus illustre lignée de tous les Roys de la Terre, les vertus desquels vostre nourriture Royale fait heroïquement reluire en vous, doibuent conuaincre toute l'Europe; Que vostre personne sacrée a esté par vne grace speciale de DIEV octroyée aux vœus & prieres de la France pour l'enrichir de triomphes soubs vostre conduitte, & que le destin ayant donné à l'espée de vostre tres-auguste Pere HENRY LE GRAND les lauriers d'Occident pour partage, reserue les palmes de l'Orient pour couronner les glorieuses victoires de vos armes conquerantes.

Soubs l'Esperance des merueilles que la Chrestienté conçoit de vous, l'obligation qui m'est commune auec tous ceux qui ont quelque ressentiment du bon-heur d'estre nés vos subiects, de pourchasser les occasions de sacrifier ma vie au seruice de VOSTRE MAIESTE', me rend passionné à la recherche de ce qui peult donner lustre au mestier des armes, pour en auoir part auec ceux qui vous y seruent, ausquels ceste version françoise d'vn traicté d'Aelian, & d'vn discours de Polybe, fera veoir curieusement espluchés plusieurs points tres-importans à la conduitte de la Guerre; sçauoir comment il faut enroller & assembler des troupes; ranger en bataille, faire marcher, combattre & loger les armées.

ã

Les plus belliqueuſes nations ont aultrefois planté leurs trofées au niueau de ces preceptes : & c'eſt ce qui me fait eſperer que ſi VOSTRE MAIESTE' *daigne mettre en valeur ce champ de Mars delaißé en friche par tant de ſiecles ; vous receureƷ pour ar- rerages le rapport de mille victorieux lauriers, qui donneront à vos Couronnes l'abry d'vne heureuſe Paix nourrißiere des Ver- tus, & chaſſeront ſur vos ennemis les tonnerres d'vne foudroyan- te Guerre vengereſſe des vſurpations, & exterminatrice des vices.*

Et d'autant, SIRE, *que vous ſerez, touſiours, tel que deſia vous eſtes, le plus adroit Cheualier & le plus Guerrier de tous les Roys; l'honeur de la Caualerie, que* VOSTRE MAIESTE' *fera fleurir par l'vſage des Eſcadrons enſeignés en ces diſcours, & par au- tres belles inuentions qui ſeront de voſtre cru ; vous a iuſtement eſté deſeré par les grands Capitaines de voſtre ſiecle, leſquels ayant mis l'ordre dans l'Infanterie, n'ont point reduit l'exercice, ny raf- finé le maniement des troupes de Caualerie à ceſte ancienne perfe- ction. Mais voſtre Françoiſe Nobleſſe, la plus genereuſe qui vi- ue ſoubs le Ciel, voyant les fondemens de voſtre gloire s'eſleuer par- deſſus le comble de la renommée des grands Monarques qui ont jadis commandé les armées, dreſſera ſon experience par la diſcipli- ne que vous luy donnerez ; afin que ſa fidelité eſtant ſecondée par le bon ordre, & ſa Valeur conduite par la Vertu & Bon-heur de ſon Roy,* VOSTRE MAIESTE' *ayant dißipé les brouillas domeſtiques face eſclater ſes armes inuincibles pour deliurer des mains infideles les plus belles Prouinces du monde, qui vous appar- tiennent en qualité d'Aiſné des Roys, & premier fils de l'Egliſe Em- periere de l'Vniuers.*

DE VOSTRE MAIESTE',

Tres-humble, tres-obeiſſant, & tres-
fidele ſubiect & ſeruiteur,
LOVYS DE MACHAVLT.

Aelian de la Sergenterie des Grecs.
AVANT-PROPOS,
A L'EMPEREVR ADRIAN.

A Theorique de la Sergenterie Militaire des Grecs, qui prit commencement dés le temps d'Homere (Empereur Cefar fils de Dieu Adrian Augufte) a efté mife en efcrit auparauant nous par plufieurs qui n'eftoient pas tant habitués aux fciences que l'on me croit eftre : Partant i'en ay voulu compofer ce Traicté, me perfuadant que ceux qui naiftront apres nous faddonneroient plus volontiers à la lecture de mes efcrits que de ceux des anciens. Or pour confeffer verité, n'ayant aucune cognoiffance de tout ce que les Romains fçauent & pratiquent en cefte partie de la Milice : Ie m'eftois par difcretion retenu d'efcrire & enfeigner cefte difcipline, comme ayant efté fupprimée & deuenuë inutile depuis la maiftrife par vous inuentée : Mais ayant faluë voftre diuin pere Nerua, ie paffay quelques iournées à Formies chez Frontin, vn de vos illuftres Confulaires, homme fort eftimé pour fa grande experience au faict de la guerre: & ayant recognu en conuerfant auec luy qu'il eftoit tres-curieux de fçauoir ce que les Grecs en ont enfeigné par Theorique; ie commenceay de ne plus negliger d'efcrire de l'Art de Sergenterie, croyant que Frontin n'en auroit pas faict tant de compte, f'il f'euft eftimée contenir chofes moins bonnes que l'ordonnance de la Milice Romaine.

Ayant donc quelque temps y a dreffé certains recueils & memoires fans deffein toutesfois de les mettre en lumiere, voftre inuincible valeur & experience (Souuerain Monarque) qui vous efleuent par deffus tous les Capitaines qui commanderent oncques les Guerres, m'a donné courage d'en acheuer vn Traicté excellemment beau, & qui peut donner à ceux qui

ē

eſtudient en ceſte ſcience vne cognoiſſance parfaicte de l'ordre des bataillons des anciens Grecs : Car pour le regard de la
facilité ie promets auec ſerment que ceux qui ſ'addreſſeront à
ce mien eſcrit en tireront plus d'inſtruction que les Auteurs
anciens, attendu que tout eſt icy enſeigné par ordre.

Ie n'ay toutesfois oſé faire preſenter ce Traicté à vous qui
eſtes ſi grand Guerrier, crainte que mes enſeignemens ne per-
diſſent leur luſtre ſi vous les mettiés en parangon de vos con-
ceptions : mais ſi vous les prenés còmme vne Speculation
Grecque , & diſcours de recreation, auquel vous verrez les
inuentions & deſſeins d'Alexandre le Grand en l'ordre de ſes
Batailles ; ceſt eſcrit vous donnera du paſſetemps . Or ayant
eſgard à vos ſerieuſes occupations, i'ay mis au deuant les Som-
maires de ce qui eſt diſcouru en chacun des Chapitres , afin
qu'auant la lecture du liure, vous cognoiſſiés ſuccinctement
ce qu'il promet, & trouuant aiſement les lieux que vous deſi-
rerez lire, vous ne perdiés point de temps à les chercher.

Les Sommaires des Chapitres contenus en ce liure.

ē iij

Aelian de la Sergenterie des Grecs.

Quels auteurs ont escrit de l'Art de la guerre, & combien est vtile la science & discipline des Armes.

CHAP. PREMIER.

HOMERE est le plus ancien de ceux dont nous auons cognoissance, qui semble auoir entendu la theorique de la Sergenterie, & admirer ceux qui y estoient sçauants comme Menestheus.

Qui n'auoit son pareil pour mener Caualiers
En bon ordre au combat, ou pietons rondeliers.

I'ay leu ce que Stratocles, Hermeas, & Frontin personage Consulaire de nostre temps ont escrit de la Sergenterie tirée d'Homere; Aeneas a traicté fort exactement de l'Art de la guerre, & composé plusieurs bons liures touchant la conduite des armées, desquels Cineas Thessalien a faict vn abregé. Pyrrhus Roy d'Albanie & son fils Alexandre ont escrit de la Sergenterie, comme aussi Clearchus, Pausanias, Euangelus, & Polybe Megalopolitain tres-sçauant homme, amy de Scipion: Eupolemus & Iphicrates en ont traicté, & Posidonius Stoicien a aussi escrit vn Art de Sergenterie, & plusieurs autres ont mis en lumiere, les vns des Introductions comme Bryon, les autres des traictez par lieux communs, tous lesquels m'estant escheus à lire, je craindrois estre importun de les nommer vn à vn: Mais pour dire en vn mot, j'ay recognu que tous ces auteurs là escriuent pour ceux qui y sont desia sçauans. Partant ce qui m'arriua du commencement lors que ie m'addonay à la recherche de ces choses, de ne trouuer personne qui me peut enseigner, ny les escrits des auteurs precedens auoir suffisamment dequoy m'instruire, j'essayeray tant qu'il me sera possible de faire en sorte qu'il n'arriue plus à

perſonne , & toutes & quantes fois que mon diſcours ne
pourra nettement repreſenter & donner a entendre quelqu’vn des preceptes , je prendray ſecours de la deſcription &
pourtraiture des figures , donnant les yeux pour aydes à l’i-
magination : & ne lairray pourtant de parler en meſmes termes que les anciens, afin que ceux qui eſtudieront ce mien eſcrit comme vne introduction, ſ’eſtant exercés à la ſignification des dictions qui ont cours parmy les autres auteurs, ne ſe
trouuent point eſtranges quand ils les rencontreront autre-
part, ains y ſoient accouſtumés ; & partant, i’eſtime que quiconque aura eſté introduit par la voye de mes enſeignemens,
entendra aiſement tout ce que les anciens en ont dict. Or on
peult recognoiſtre que ceſte ſcience eſt tres-vtile, par le dire
de Platon en ſes loix, que le Legiſlateur des Candiots auoit
eſtably des loix telles comme ſi les hommes euſſent deub touſ-
jours eſtre preſts à la guerre : car naturellement toutes les
communautés ont ſourdement entr’elles guerre non decla-
rée. ſil eſt ainſi quelle doctrine ſera plus vtile & preferable à
celle cy ?

De quelles gens eſt compoſée vne armee, & quelle eſt
leur equippage.

CHAP. II.

L faut que premierement ie parle des preparatifs appartenans à la guerre , qui conſiſtent en
deux ſortes d’Armées, les vnes de Terre, les autres Nauales. Armée de terre eſt celle qui combat de pied ferme. Armée Nauale eſt celle qui
combat ſur des vaiſſeaux en mer ou en des riuieres. De l’ordre
des batailles nauales, nous en parlerons vne autrefois : maintenant nous diſcourerons de ce qui appartient aux armées de
terre. Ceux que l’on aſſemble pour la guerre ſont combattans,
ou autres non combattans qui les accompagnent pour leurs
neceſſités . Combattans ſont ceux qui font les factions de
guerre, repouſſent & offenſent l’ennemy par armes. Les non-
combattans, ſont les Chirurgiens, Marchans, Valets, & au-

tres qui fuyuent le Camp pour le feruice des Combattans.
D'entre les Combattans, les vns font Pietons, les autres Montés. Pietons font ceux qui ont le pied pofé en terre : Les montés font portés par des Cheuaux, ou par des Elephãs. De ceux
qui ont monture de cheuaux, les vns font portés en des chariots, les autres affis fur les cheuaux mefmes. Voila les differences generales ; mais en efpece l'equipage de l'Infanterie & Caualerie eft de plufieurs fortes : celuy des Elephans & des Chariots n'eft que chacun d'vne façon.

L'ordonnance d'Infanterie eft diuifee en trois, l'vne eft des
Rondeliers, l'autre des Targers, & la troifiefme des gens de
traict.

Celle des Rondeliers porte les plus pefans harnois de tous
les gens de pied, auec des rondaches & piques fort longues, à
la mode des Macedoniens. Celle des gens de traict eft plus legerement equippée de toutes, ne porte ny corfelets ny greues, ny pauois ou rondaches pefantes : mais vfe feulement de
flechades offenfiues de loing, jauelots, cailloux de fonde ou
de main, & foubs ce genre font auffi compris ceux qui portent des rondelles de clayons d'ozier. Celle des Targers eft
auffi armée & equipée à la Macedoniene, mais de harnois plus
legers, car leur targe eft vne arme petite & legere, & leurs piques beaucoup plus courtes que les fariffes ou piques macedo-
nienes : Leur armement femble tenir vn rang moyen entre les
gens de traict & les rondeliers, eftant plus pefant que celuy
des gens de traict, & plus leger que celuy des rondeliers, &
partant plufieurs les comprenent foubs le nom de gens de
traict. Les forces de Caualerie que nous auons diftinguée d'a-
uec les chariots de guerre, & qui fe departit en Efcadrons, con-
fiftent en Gendarmerie ou Non-gendarmerie. En la gendarmerie les hommes & cheuaux font couuerts d'armes & bar-
des complettes. D'entre ceux qui ne font point gendarmes,
les vns portent armes de main, les autres, armes de traict.
Armes de main font ceux qui ioignent & choquent l'ennemy
combattant de pres auec vne arme d'haft, & d'entre eux les
vns portent l'Efcu, & font nommés Efcuyers, les autres combattent fans efcu, qui proprement font appelés armes d'haft,
& par quelques vns Lanciers. Armes de traict font appellez les
Caualiers qui frappent de loing, & d'entre eux les vns fe fer-

uent de jauelots, les autres d'arcs: De jauelots, ceux que l'on appele Tarantins defquels y a deux fortes differentes : car ceux qui feulement dardent leurs jauelots de loing, fe nomment Genetaires, & proprement font Tarantins : Les autres Tarantins fe feruent auffi de jauelots legers , mais apres en auoir lancé vn ou deux , ils viennent foudain aux mains , & enfoncent l'ennemy à la mode des Lanciers, & f'appelent Legers. Les gens de cheual qui fe feruent d'arcs font nommés archers à cheual, & par quelques vns Scythes. Il y a donc en vn camp neuf fortes de combattans : Rondeliers, Targers, Gens de traict, Lanciers, Genetaires, Archers à cheual, Gendarmes, Chariots, Elefans.

Que c'eſt que Sergenterie, & en quoy elle conſiſte.

CHAP. III.

R chacune des Falanges ou Batailles fufdites comprenant en foy plufieurs Corps , Commandemens en chef, & Bandes compofees de nombres conuenables, & ayant fes mots propres pour leur commander, tant aux exercices journaliers qui fe font par effay , qu'aux factions de guerre qui f'executent à bon efcient, il eft neceffaire de parler de chacune d'icelles.

Le premier chef-d'œuure de Sergenterie eft , de prendre vne multitude d'hommes non ordonés, en trier les plus propres , & leur affortir chacun leurs places conuenables , c'eft à dire les enroller & affembler, & arrefter vn nombre de toutes les troupes bien proportioné & maniable pour la guerre. Car le bon ordre eft tres-vtile à vne armée , foit qu'elle marche ou qu'elle campe, mais fur tout en vne bataille, parce qu'on a veu de grãdes forces eftre rompuës à raifon de leurs defordres par peu de gens bien ordonnés. Aeneas donne cefte definition de la Sergenterie, Science des mouuemens ou démarches de la guerre. Polybe dit que c'eft quand quelqu'vn prenant vne multitude confufe d'hommes, les fçait bien affortir, & mettre en files & par troupes, les inftruifant vtilement en ce qui eft de la guerre.

Que c'eſt

Que c'est qu'vne file & de combien d'hommes elle est composee.

CHAP. IIII.

F AIRE des files est ce qu'on appelle Enroller. Rolle est vn nombre d'hommes compté depuis vn chef, & ceux qui le suiuent derriere iusques au dernier. Quelque vns ont faict les Rolles de huict hommes, les autres de douze, les autres de seize. Soit donc chaque Rolle de seize hommes, car il sera fort bien proportioné à la longueur de la Falange, de laquelle s'il faut pour quelque occasion doubler la hauteur en sorte quelle soit de trente deux, ou la diminüer en sorte quelle ne soit que de huit, rien n'empeschera l'effect des Gens de trait rangés derriere: car soit qu'ils lancent des Iauelots, ou qu'ils se seruent de fondes ou flechades, leurs coups porteront aisément pardela la hauteur de la Falange.

En quel ordre doiuent les soldats estre placés en chacun Rolle.

CHAP. V.

E plus braue & vaillant de chacun Rolle est placé le premier à la teste des autres, & se nomme Chef de file, le dernier en ordre de Rolle est nommé Serrefile. vn Rolle entier s'appelle aussi file ou dixaine, & par quelques-vns Brigade. D'autres qui ont fait les rolles plus grands ont nommé Brigade la quatriesme partie d'vn rolle, & appelloient le Chef Brigadier, les deux Brigades, Appointement ou double paye, & celuy qui les commandoit Appointé. De sorte qu'vn demy-rolle s'appelloit Appointement, & le Chef d'vn demy-rolle Appointé. Le serre-file est le dernier de toute la file, & est à sçauoir que celuy qui est placé derriere le chef de file est nommé Second, celuy d'apres Premier, celuy d'apres encores Second, de sorte que la File entiere est composée de premiers & Seconds rangés l'vn apres l'autre.

Il faut que le chef de file passe tous les autres en valeur, puis les chefs des demy-files comme aussi les Serre-files. La definition de la file est, vne suitte de seconds & premiers rangés selon l'ordre de leur valeur soubs vn chef de File.

B

De l'assemblee de plusieurs files.
CHAP.   VI.

R quand en flanc de la premiere file on en attache vne deuxiesme, en sorte que le chef de
la deuxiesme file soit couplé auec le chef de la
premiere, & le second du chef de la deuxiesme
file auec le second du chef de la premiere, &
ainsi de suitte, cela s'appelle Assemblée, & ceux qui sont ainsi
couplez s'appellent Costiers. Comme, le chef de la deuxiesme
file est costier du chef de la premiere, & le second du chef de
la deuxiesme file est costier au second du chef de la premiere,
& ainsi de suitte. Quand donc à la premiere & deuxiesme
file on en accoste vne troisiesme & quatriesme, & les autres
de mesme, cela s'appelle Assemblee.

De la Falange, de ses parties & diuision en longueur
& en hauteur.
CHAP.   VII.

'Amas entier de toutes les files s'appelle Falange, la
longueur de laquelle est le premier ranc de tous les
chefs de File, qui se nomme le Front, le Visage, la Bataille, les Rancs, la Pointe, les Chefs, les Deuanciers, la Prime-
file. Tout le reste de la Faláge depuis le front iusques aux serrefiles s'appelle Hauteur. Estre en droite ligne de ses Costiers, soit
Premiers, soit Seconds selon la longueur de la Falange se nomme Dresser son ranc. Estre selon la hauteur de la Falange en
droite ligne de son chef de file & serrefile s'appelle Dresser sa
file. La Faláge est diuisée en deux parties principales, qui cou-
pent son front par moitié, tout le long de la hauteur, l'vne des
moitiés est appellée Corne droite & Teste de la Falange, l'autre se nomme Corne gauche ou Quëüe: & l'interualle de leur
separation est nommé le Ventre, l'Ouuerture, la Iointure.

Derriere la Bataille des Rondeliers on range celle des Gens
de traict, & derriere les Gens de traict celle de la Caualerie: &
toutesfois on les place autrement quand besoin est comme
nous dirons cy apres.

Or i'ay à declarer en quel nombre doiuent eftre les Rondeliers, & les Gens de traict & la Caualerie, & comment il faut
les ordoner, & felon l'exigence des cas changer promptement
la forme des bataillons , & donneray les moyens d'inftruire
chaque troupe aux mouuemens & demarches de la guerre.

Du nombre des Rondeliers, Gens de traict, & Caualiers, &
quels font les nombres plus commodes pour changer
d'ordre & forme de bataille.

C H A P. V I I I.

POVR le regard du nombre des gens de guerre , il
n'eft pas vray-femblable d'en determiner en general : car il faut que celuy qui fait les leuées dreffe vn
Eftat des troupes & en arrefte le rolle felon fes
moyens , & le befoin qu'il en a : faut toutesfois qu'il fçache
choifir des nombres commodes aux changemens de figures
de bataillons, c'eft à dire, à doubler vne ou plufieurs fois le
front de la Falange , ou bien le referrer f'il veut. Partant on
f'eft aduifé de prendre des nombres qui peuffent eftre également partagés par moitié iufques à l'vnité. D'où vient que la
plufpart de ceux qui ont efcrit de la Sergenterie ont faict la
Falange des Rondeliers de feize mil trois cents octante &
quatre : Celle des gens de traict de la moitié, & celle des Caualiers de la moitié des Gens de traict : car le nombre de feize
mil trois cents octante & quatre peut eftre diuifé toufiours
également par moitié iufques à l'vnité.

Partant ce nombre a efté choifi pour feruir de modelle, de
forte que puis que nous auons fuppofé vne file eftre de feize
hommes, il faudra qu'il y ait mil vingt quatre files, diuifees en
troupes qui ont chacune leurs noms.

B ij

Comment font compofees les Troupes de la Falange,
combien il y a d'hommes en chacune, auec les
noms des Chefs.

CHAP. IX.

Ar deux files s'appellent vne Brigade & le Chef Brigadier. quatre files, vne Efquadre & le chef Caporal qui commande foixante & quatre hommes. Deux Efquadres vne Ordonnance ou Bande de cent vingthuict hommes en huict files, & le chef Centenier: deux ordonances vne Cõpagnie, de deux cents cinquante fix hommes en feize files, & celuy qui les commande Capitaine en chef. Or en chacune compagnie de deux cents cinquante fix hommes, il y aura cinq officiers hors des rancs, fçauoir le Portenfeigne, le Sergent, le Trompette, le Fourrier, le Heraut de Camp. Et lors qu'elle fera mife en bataille elle fera quarree ayant feize hommes de front & feize en hauteur, deux compagnies s'appellent vne cinq-centaine, de cinq cent douze hommes en trente deux files, & le chef Cinq-centenier. Deux cinq-centaines, vn Regiment de mil vingt-quatre hommes en foixante-quatre files, & le chef Maiftre de camp, le cõmandement fur deux mil hommes s'appelle vne Lieutenance Colonele de deux mil quarante huict hommes en cent vingt-huict files & le Chef Lieutenant Colonel. Ce cõmandement eft par quelques-vns nommé vne Generalité, & celuy qui l'exerce General. Deux Lieutenances Coloneles s'appellent vne conduite de Bataille, de quatre mil nonante fix hommes; en deux cents cinquante fix files, & le chef Marefchal de Camp. Telle troupe eft par quelques vns nommée legion & celuy qui la commande Colonel. La conduitte de deux batailles s'appelle Brigade d'armée de huict mil cent nonante fix hommes en cinq cents douze files, cefte troupe eft par quelques-vns nommée Membre ou Corne d'Armée.

Deux Brigades d'armee s'appellent Generalité de Camp, fur mil vingt-quatre files, de feize mil trois cens octante quatre hommes.

De forte qu'en la Falange entiere y a deux cornes, quatre conduittes de Bataille, huict Lieutenances Coloncles, Seize

Maiftrifes

Maiſtriſes de Camp, trente deux cinq-centaines, ſoixante
& quatre compagnies, cents vingt & huiƈt ordonnances,
deux cents cinquante ſix Eſquadres, cinq cents douze Brigades, mil vingt-quatre files.

---

*De l'ordre des Mareſchaux de Camp, & Lieutenans
Colonels, Caporaux & autres chefs ſelon
leur valeur & preference.*

CHAP. X.

DEs quatre Mareſchaux de camp, le Premier comme plus braue & valeureux commande la corne
droite ou Auangarde, le Second en valeur, la
corne gauche ou Arrieregarde, le troiſieſme accompagne le ſecond en la corne gauche, &
prend place à l'interualle qui coupe la Falange en deux : le
quatrieſme accompagne le premier en l'auangarde ou corne
droite, & eſt auſſi à l'interualle du milieu. De ſorte que la premiere & ſeconde Batailles ont leurs chefs premier & quatrieſme en valeur, & la troiſieſme & quatrieſme leurs chefs
troiſieſme & ſecond en valeur. Or nous pouuons demonſtrer
que la premiere & quatrieſme puiſſance, eſt égale à la ſeconde
& troiſieſme, de ſorte que les chefs ſont couplés auec égalité
de force.

Les Lieutenans Colonels ſeront auſſi placés en meſme proportion : ſçauoir le premier à main droite de la ſeconde Bataille, le ſecond à main gauche de la troiſieſme Bataille, le troiſieſme à main droite de la quatrieſme Bataille, le quatrieſme à
main gauche de la premiere Bataille.

C

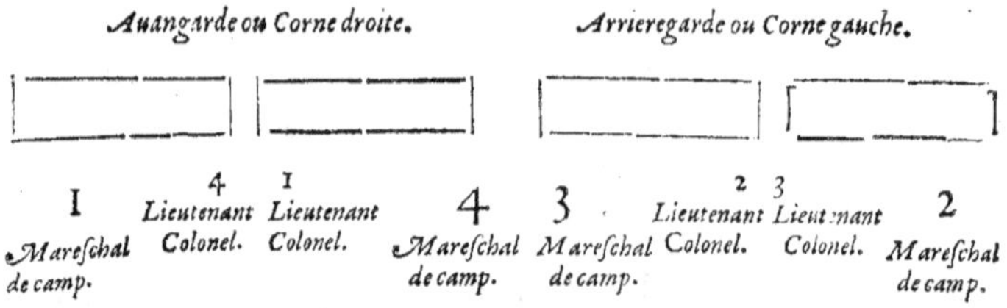

Auangarde ou Corne droite.   *Arrieregarde ou Corne gauche.*

1   4   1   4   3   2   3   2
Mareschal *Lieutenant Lieutenant* *Mareschal Mareschal Lieutenant Lieutenant Mareschal*
de camp.   *Colonel. Colonel.*   *de camp. de camp. Colonel.   Colonel.   de camp.*

Pareillement en chacune Esquadre de quatre files, les chefs de file seront rangés en sorte que le chef de la premiere file soit le plus braue & vaillant des quatre, le chef de la quatriesme file soit second en valeur, le chef de la troisiesme file, soit troisiesme en valeur, le chef de la seconde soit quatriesme & dernier en valeur : car par cest ordre les Brigades ou demy-Esquadres seront également fortes, puis que la premiere brigade a les chefs de file premier & quatriesme en valeur, & la seconde, les chefs de file second & troisiesme en valeur.

———————————————— *Chef de file second en valeur.*
———————————————— *Chef de file troisiesme en valeur.*
———————————————— *Chef de file quatriesme en valeur.*
———————————————— *Chef de file premier en valeur.*

Eucl.
liu. 6. Car l'on demonstre par raison mathematique que
prop. quand quatre grandeurs sont proportioneles, la
16. puissance de la premiere & quatriesme est égale à la puissance de la seconde & troisiesme.

Et d'autant que chacune compagnie est composée de quatre Esquadres, nous mettrons les compagnies en ordre par mesme proportion, de sorte qu'en chacune compagnie le Caporal de la premiere Esquadre soit placé à main droite d'icelle, & soit le premier en valeur : le Caporal de la quatriesme Esquadre, soit à main gauche d'icelle, & soit le second en valeur : le Caporal de la troisiesme Esquadre soit à main droite de son Esquadre, & troisiesme en valeur, le Caporal de la seconde Esquadre soit à main gauche de son Esquadre, & quatriesme & dernier en valeur : les plus grands commandemens auront pareille proportion & correspondance entr'eux.

Compagnie mise en bataille.

Des distances que gardent entr'eux les Gens le pied estant rangés,
pressés, & pauoisés, que c'est que Presse & Pauoisade.

CHAP.　XI.

MAintenant nous declarerons quelles distances les Rondeliers doiuent prendre en flanc & en hauteur. Il y a en
cecy trois differences, car pour certaines necessités on les or-
donne premierement par interualles plus escartés, & ainsi faisant, chacun soldat mis en bataille tient quatre coudées de terrein. Estant serré ou pressé pour combattre, deux coudées, faisant la Pauoisade, vne coudée.

Presse s'appelle quand diminuant les distances qui estoient

premierement plus laches, on se serre ou restraint par files &
par rancs laissant toutesfois place pour se remüer & tourner
visage.

Pauoisade est, quand par dessus la Presse susdicte, la Falange
resserre encor plus les files de moitié, de maniere qu'à raison de
la continuité de l'ost on ne puisse tourner à droit ny à gauche.
La Presse se faict quand le General meine la Falange affronter
l'ennemy : la Pauoisade pour soustenir la charge des ennemis
soubs le couuert des rondaches & des piques.

Puisque doncques la Falange à mil vingt-quatre chefs de
file placés en front, il s'ensuit qu'estans rangés au large, ils tiendront quatre mil nonante six coudées de front, c'est à dire, dix
stades & nonante six coudées. Estant pressés ils tiendront
cinq stades & quarante huict coudées , faisant la Pauoisade ils occuperont deux stades & demye , vingt quatre
coudées.

Des Armes de la Falange, Rondaches & Piques, & des Chefs de file.

CHAP. XII.

L A Falange est armée de Rondaches & de Piques,
les meilleures Rondaches son faictes d'airin à la Macedonienne , vn peu bossuës , de huict paumes de
diametre, la Pique doit estre du moins de huict coudées, & la
plus longue telle qu'vn hôme la puisse manier aisément. Il faut
que les Chefs de file soient les plus vaillans des files, puis qu'ils
sont à la teste d'icelles, & doiuent passer les autres en grandeur
& force de corps, & en addresse & experience. Car leur ranc
maintient toute la Falange, & rend le plus grand seruice : par
ce que, de mesme qu'vne espée tranche de son fil prenant coup
& force de la masse du fer de sa lame, tout de mesme il faut penser que le premier ranc des chefs de file est comme le tranchant
de la Faláge, les autres de derriere, comme la charge & surfaix
ou ac-

ou accroiſſement de peſanteur qui ſert à donner coup. Il faut
ſoigner auſſi à toutes aduentures de fournir le ſecond ranc de
braues hommes , parce que leurs piques aduancent hors le
premier, & le ſouſtiennent & ſecourent en pluſieurs façons.
Car le chef de file eſtant mort ou bleſſé , il faut que l'vn
d'eux ſ'auance & recouure ſa place ſans iamais laiſſer de bre-
che au Bataillon, le troiſieſme rang & ceux d'apres auront
des hommes bons à proportion du rabais du ſeruice que l'on
en tire.

En quel ordre & maniere combattoit la Falange
Macedonienne.

CHAP. XIII.

R la Falange Macedonienne a eſté eſtimée inuincible à ſes ennemis, à raiſon de l'ordre qu'elle
tenoit en bataille: Car lors qu'elle ſe preſſe pour
combattre, chaque homme ne tient que deux
coudées de terrein, & la longueur des piques
nommees Sariſſes eſt ſelon la premiere inſtitution de ſeize
coudées, reduites par l'vſage à quatorze, deſquelles la tenuë
de la pique entre les mains de l'homme en emporte deux, &
les douze autres coudées de longueur aduancent hors la perſonne. Ceux du ſecond ranc reculez de trois pieds, perdent
quatre coudées de la longueur de leurs piques dans le corps
de la Falange, & partant elles n'auancent que dix coudées
hors le front des Rondeliers du premier ranc , celles du
troiſieſme ranc ſortent huict coudées, celles du quatrieſme
ranc ſix , celles du cinquieſme quatre , celles du ſixieſme
deux, & de tous les autres rancs les piques ne paſſent plus
le premier. Partant cinq ou ſix piques eſtant baiſſées deuãt vn
chacun de ceux qui ſont placés au premier ranc, mõtrent vne
Chere à l'ennemy telle que l'on peut penſer auec l'effort d'vn
homme rembarré de cinq ou ſix piques, ſouſtenu & appuyé
de tant d'auantages, comme l'on peut veoir en ce pourtrait.

D

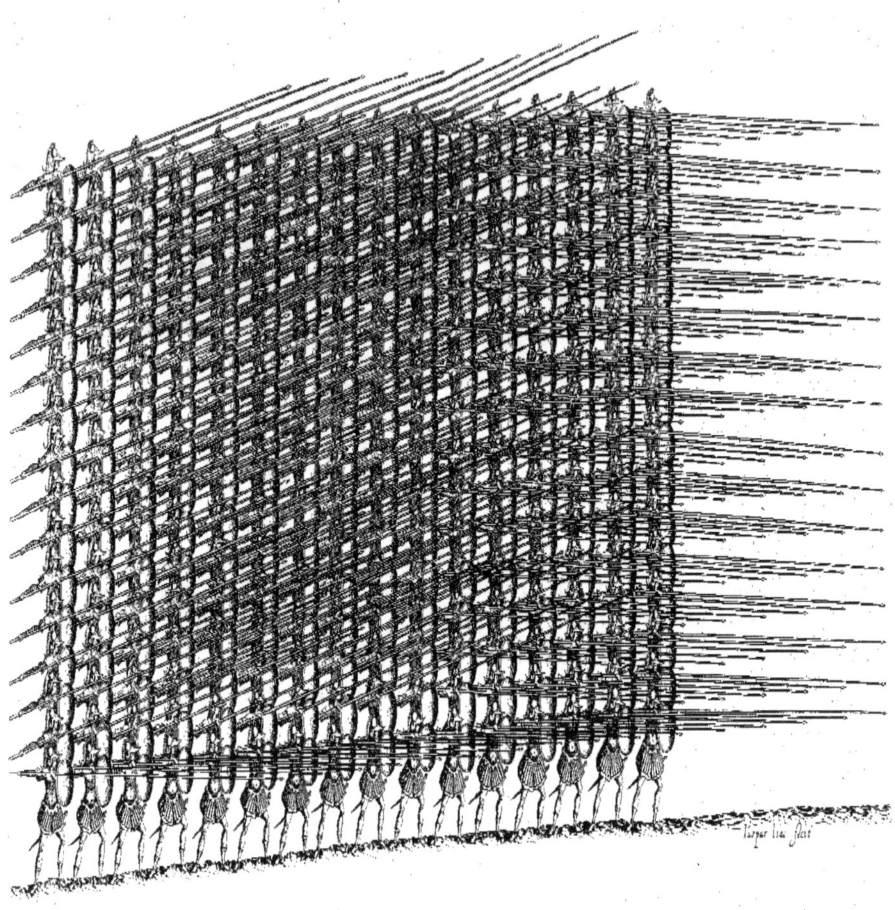

Ceux qui sont au dessous du sixiesme ranc, combien qu'ils ne puissent faire d'effect de leurs piques, neantmoins entant qu'ils poussent en auant de toute la puissance de leurs corps, ils rendent l'effort des premiers rancs plus violent, & leur ostent le pouuoir de fuyr. Quelques-vns faisoient les piques des Rondeliers des rancs de derriere plus longues que celles des premiers rancs, afin que ceux des troisiesme & quatriesme ranc en aduançassent les pointes à l'egal de celles du premier.

Or il faut que le Sergent de Bande qui est hors des rancs en chacune Compagnie, soit homme entendu, qui donne ordre qu'en tout le bataillon on tienne droites les files & les rancs, & aye commandement de faire rentrer en leurs places ceux qui par lascheté ou soubs quelque pretexte que ce soit se retireroient du combat, & quand on fait les Pauoisades, contraigne les soldats de s'entreappuyer & soustenir vertement l'vn l'autre, car c'est ce qui donne force à vn Bataillon, & à celle fin que non seulement à la teste des compagnies, mais aussi à la queüe il y ait vn Chef pour plusieurs raisons.

De l'ordonnance de l'Infanterie de traict, & des noms de ses troupes.

C H A P.   XIIII.

YAnt suffisamment parlé du rolle de la Falange des Rondeliers nous parlerons maintenant des gens de traict. Le General d'armée les rangera selon les apprests de l'ennemy, quelquesfois à la teste de la Falange des Rondeliers, tantost sur l'aisle droite, autresfois sur la gauche ou derriere la Falange, selon que l'affaire le requerra.

Supposons maintenant qu'ils soient placez derriere : nous les rangerons en mil vingt quatre files, autant qu'en la Falange, de sorte que la premiere file des Gens de traict sera rangée soubs la premiere file des Rondeliers, & la seconde soubs la seconde, & ainsi des autres, mais nous ferons leur files de huict hommes seulement : De sorte que les mil vingt quatre files contiendront huict mil cent nonante deux hommes, leurs troupes sont nommées ainsi qu'il s'ensuit ;

Quatre files de Gens de traict s'appelle Esquadre de trente deux hômes, deux Esquadres font vne Cinquantaine de soixante & quatre hômes, deux Cinquantaines vne Centaine de cent vingt huict hommes, en chacune desquelles y aura cinq officiers hors des rancs, le Port'enseigne, le Sergent, le Trompette, le Fourrier, le Heraut de camp. Deux Centaines font deux cent cinquante six hommes, & s'appellent Compagnie de Gens de traict. Deux compagnies de Gens de traict, vne Conduitte d'estrangers de cinq cent douze hommes. Deux Conduittes d'estrangers vn Regimét de mil vingt quatre hômes, deux Regimens vne Surintendance d'estrangers de deux mil quarante huict hommes. Deux Surintendances, vn Amas de quatre mil nonante six hommes. Deux Amas font le corps entier de l'Infanterie de traict nommé Arriere bataille de huict mil cent nonante deux hommes, lesquels auront

aussi

auſſi huiɛt chefs hors des rancs dont les quatre ſeront Sur-in-
tendans d'eſtrangers & les autres quatre Maſtres de camp.

Des factions & deuoirs de l'Infanterie de traiɛt , aux
eſcarmouches & autres combats.

CHAP.　XV.

E deuoir de ceux qui dardent des Iauelots, qui
tirent des flechcs, & de tous ceux qui combattent en eſcarmouche à coups de traiɛt, eſt d'entamer le combat , agacer l'ennemy ; haraſſer
ceux qui ſont armés peſamment , bleſſer &
tuër de loin, repouſſer la Caualerie, rembarrer ceux qui ſad-
uancent trop, deſcouurir les lieux ſuſpects, dreſſer des embuſ-
cades & pour dire en vn mot, ils rendent ſouuent de grands
deuoirs en vne Bataille , ſoit qu'ils entament le Combat &
rüent les premiers coups, ſoit qu'ils accompagnent les Rondeliers à la charge, ſoit qu'ils les ſecondent, & generalement
en faiſant toutes les factions de guerre qui ſ'executent de loin
& auec diligence.

Comment il faut ranger les Caualiers en Eſcadrons
Quarrés, en Lozange, ou Eſperon.

CHAP.　XVI.

Evx qui iadis ont eſcrit de l'art de la guerre, ont
dreſſé leurs Eſcadrons de Caualerie, Quarrés, Doublés, en Lozange ou en Eſperon: mais pour dire
vray pas vn deux n'a clairement donné à entendre
ſon deſſein, & partant nous ferons veoir le pourtraiɛt de chacune figures, afin de les rendre plus aiſées à comprendre.

Les Theſſaliens nation fort puiſſante en Caualerie ſe rangeoit en Lozanges, Iaſon leur ayant le premier inuenté ceſte
figure, comme la plus habile à tourner & faire teſte de tous
coſtés au beſoin, dauantage plus malaiſée à ſurprendre par le
dos & par les flancs. Car les plus leſtes & mieux montés fer-
moient les quatre coſtés de la Lozange, & les Chefs tenoient

les quatre angles, le Capitaine eſtoit à l'angle de la teſte, les deux Gardeflanes aux angles droit & gauche, & le Lieutenant à l'angle de la queüe.

Les Scythes & Thraciens rangeoient leur Caualerie en Eſperon ou Triangle, comme feirent auſſi les Macedoniens depuis que leur Roy Philippe en euſt introduit l'vſage, car ils penſerent que telle ordonnance feroit de plus d'effect qu'vn Eſcadron quarré, parce que les Chefs ſont rangés tout autour de l'Eſperon, lequel ayant le front eſtroit ſe gliſſe aiſément dans vn petit interualle, paſſe promptement ſur l'vne des mains pour ſe rallier, & retourne court à la charge ſans prendre de grands Caracols comme font les Eſquadrons quarrés.

Toutesfois les Perſes, Siciliens, & la pluſpart des Grecs faiſoient leurs Eſcadrons quarrés, les trouuant plus aiſés à dreſſer & plus propres à marcher ſerrés, & de plus grande execution, car l'aſſemblage en eſt plus commode eſtant rangés par files & par rancs, & tous les chefs heurtent l'ennemy d'vn meſme choq. Or les meilleurs ſont ceux qui ont le nombre du front double à celuy de la hauteur, comme huict cheuaux de front & quatre pour file, ou dix de front & cinq pour file. Tels Eſcadrons ne ſont pas quarrés de nombre, mais de terrein, car la longueur du cheual depuis la teſte iuſques à la queüe, comparée à la largeur d'iceluy, fait cognoiſtre que pour couurir vn terrein quarré, il faut mettre plus de cheuaux de front que par file. Quelques-vns faiſoient leurs Eſcadrons tels que le nombre des cheuaux du front de l'Eſcadron, eſtoit triple au nombre de la hauteur, parce qu'vn cheual eſt à peu pres trois fois auſſi long de corſage que large de crouppe, qui eſtoit cauſe que mettant neuf cheuaux de front, ils faiſoient la hauteur de trois. Car pluſieurs rancs de Caualerie ne rendent pas le meſme ſeruice que font les rancs d'Infanterie qui ſappuyent & preſtent l'eſpaule les vns aux autres, d'autant que les cheuaux des derniers rancs n'aydent rien à la violence du choq, car ils ne pouſſent en auant ny ne maintiennent ceux des premiers rancs comme ſi toute la trouppe ne faiſoit qu'vn meſme effort : au contraire ſi les cheuaux ſe tallonnent de trop pres, & empiettent l'vn ſur l'autre, ils ſe mettront en deſordre & ſe feront pis qu'à l'ennemy. Donc toutes & quantesfois qu'il y aura autant de cheuaux par file que de front, le nombre fera quarré, mais le terrein fera allongé, ayant plus de hauteur que de front: au contraire quand le Terrein fera quarré il y aura plus de cheuaux de front que par file.

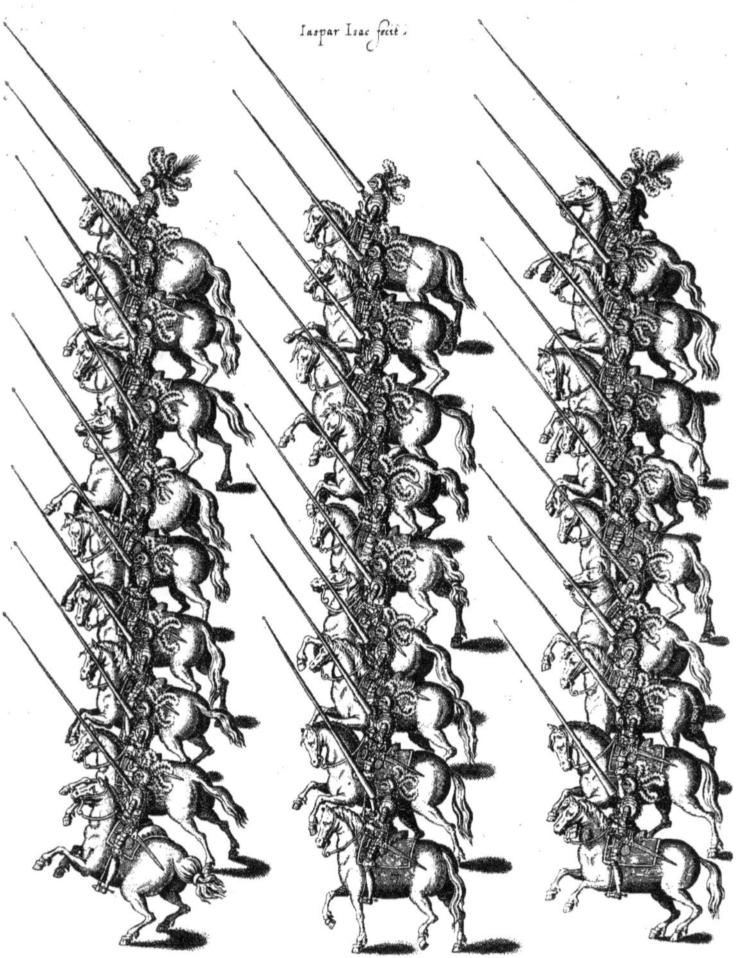

Mais la figure de Lozange femble auoir efté prife pour la plus neceffaire de toutes. Car le Capitaine eftant placé à la te-fte, ceux qui fe rangent à fes coftés ne doiuent pas f'aduancer du pair auec luy, mais fe tenir vn peu reculés en arriere, en forte que les teftes de leurs cheuaux arriuent aux efpaules du fien, laiffant vne diftance raifonnable de flanc en flanc, & de tefte en croupe entre chacun Caüalier, crainte que la foule trop grande ne caufe du defordre par les ruades des cheuaux qui pour l'ordinaire font hargneux, ou que prenant Caracol les cheuaux qui font beaucoup plus longs que larges, f'embaraffant & entredonnant des atteintes bleffent ceux qui f'employent au combat.

Quatre

Quatre manieres de dresser des Escadrons en Lozange.

CHAP. XVII.

NTRE ceux qui rangeoient en Lozange les Escadrons de Caualerie, les vns gardoient files & rancs, les autres dressoient des files sans faire de rancs, d'autres faisoient des rācs sans faire de files, Or chacune de ces ordonnances se gouuerne comme ie vay dire.

Ceux qui dressoient leurs Lozanges par files & rancs, formoient premierement d'vn nombre Impair le rang principal de l'Escadron, comme d'onze, treize, ou quinze, puis de part & d'autre d'iceluy dressoient deux autres rancs, l'vn deuant l'autre derriere, chacun de deux cheuaux moins que le premier. Comme si le principal ranc estoit de quinze cheuaux, les deux autres estoient de treize chacun, & les deux d'apres d'onze tousiours diminuant de deux iusques à vn, & telle Lozange faisoit cent treize Caualiers pour Escadron.

D'autres dreſſoient en telle ſorte leurs Eſcadrons, que les Caualiers dont eſtoit compoſée la Lozange ne gardoient ny files ny rancs: eſtimant les conuerſions ou Caracols & autres Caualcades plus libres en telle figure, n'ayant aucun empeſchement deuant ny derriere, à droit ny à gauche.

Ils plaçeoient le Capitaine à la teſte, & ceux de ſes coſtés à droit & à gauche vn peu raualés, en ſorte que les teſtes de leurs cheuaux arriuaſſent aux eſpaules du ſien: le premier ranc eſtoit de nombre impair comme par exemple d'onze Caualiers, le Capitaine à la pointe & cinq de chacun coſté reculés vn peu arriere les vns des autres, de ſorte que ce

premier ranc comprenoit les deux faces de deuant de la Lozange.

Derriere le Capitaine ſe plaçoit vn Chef de ranc, auec les ſiens à ſes coſtés raualés comme les premiers, de ſorte que ce ranc auoit deux Caualiers moins que le premier, à ſçauoir quatre de chacun coſté du chef de ranc, reuenant à neuf pour le ſecond ranc, qui faiſoit comme deux pands paralleles aux deux premiers de la Lozange: le troiſieſme ranc eſtoit de ſept, & ainſi iuſques à vn: & ceſt Eſcadron eſtoit de trente ſix cheuaux. Polybe ſe ſert de ceſte figure d'Eſcadron pour ſoixante quatre Caualiers.

Chariots s'appelloient vn Accouplement, deux Accouple-
mens vn Attelage, deux Attelages vn Sur-Attelage, deux
Sur-Attelages, vne Capitainerie de Charroy, deux Capitai-
neries de Charroy, vne Aisle de trente deux Chariots, deux
Aisles vne Falange de soixante & quatre Chariots. L'on
peut auoir plusieurs Falanges de Chariots de guerre, nom-
mant de mesmes noms les membres de chacune Falange, &
des Chariots, quelques-vns s'en seruoient sans les armer,
d'autres les armoient auec des faulx.

Des Elefans de guerre, & des noms de leurs Troupes.

CHAP. XXI.

EN l'ordonnance des Elefans, celuy qui en
commande vn s'appelle Zoarque, celuy qui en
commande deux Therarque, & sa troupe The-
rarchie : le chef de quatre, Epitherarque & sa
troupe Epitherarchie : le chef de huict, Ilarque
& sa troupe Ilarchie : Celuy de seize Elefantarque, & sa troupe Elefantarchie; celuy de trente deux Ceratarque & sa troupe Ceratarchie : le gros composé de soixante & quatre Elefans est appellé Falange ou Bataille d'Elefans : De sorte que
qui voudra pourra nommer celuy qui les commande, Fa-
langarque ou Grand Maistre des Elefans.

Les noms des mouuemens ou demarches vsitées, pour changer de forme de Bataillons & Escadrons.

CHAP. XXII.

DE toutes les especes susdittes est composée vne armée complette, & les noms des Troupes de chacune espece sont tels que nous les auons declarés:
Lesquelles choses estant enseignées, s'ensuit de mettre par ordre les mots de cõmandement, à la signification desquels & au changement des figures, s'estant les soldats accou-
stumés aux montres & exercices: le Chef d'armée puisse estre

K

promptement obey quand il fera quelque commandement.

Telles paroles ou termes pour commander font,

Quart de tour, l'vn vers la pique & l'autre vers la rondache.

Demy tour.

La Conuerſion.

La Reuerſion ou Retour.

La Diuerſion, Demy-volte ou Diſtraction.

La Reuirade.

Dreſſer les files.

Dreſſer les rancs.

Reprendre ſes addreſſes ou ſe remettre.

Faire l'Euolution.

Doubler.

Marcher de la teſte du Bataillon.

Marcher de l'aiſle droite : Marcher de l'aiſle gauche.

Bataillon Mince.

Bataillon Altier.

Bataillon Biaiſé.

Renforcement.

Couurir le front.

Faire Eſpaule.

Border les Flancs.

Garnir le dedans.

Souſtenir.

I'expliqueray ſuccintement la ſignification de chacun de ces mots, bien que ie ſçache que les commandemens ne ſe font pas en meſmes termes par tout.

Des Quarts de tour, Demy-tours, Conuerſions, Retours,
Diſtractions, & Reuirade des Bataillons.

CHAP. XXIII.

Q VART de tour eſt vn mouuement de chacun ſoldat à part, ſoit qu'il ſe tourne vers la Pique, c'eſt à dire à droit, ou vers la Rõdache, c'eſt à dire à gauche. Ceſte demarche ſert côtre vn ennemy qui paroiſt à voſtre flanc pour vous inueſtir, ſert pour le côtrecarrer, & encor en d'autres occaſions qui ſerõt declarées chacune en ſon lieu.

Deux quarts de tour vers vne mesme part font changer visage aux soldats, & regarder vers la part ou premierement ils
tournoient le dos , & s'appellent Demy-tour, qui se faict
aussi vers la pique ou vers la rondache. Il y a deux sortes de
demy-tour,l'vn s'apelle demy-tour de retraicte, l'autre demy-
tour de combat, la definition du Demy-tour est; Changement de sa premiere addresse ou visée en vne contraire, tournant teste vers la queuë , ou de celle-cy en la premiere: & le
demy-tour de retraitte se faict en deux quarts de tour vers
la Pique, le demy-tour de combat en deux quarts de tour
vers la Rondache.

La Conuersion est, quand ayant serré les Bataillons par files
& par rancs, chacun Bataillon fait quart de tour à droict ou
à gauche comme s'il estoit tout d'vne piece, prenant vn premier chef de file pour centre de son tournoyement , &
change de terrein en auant, & presente sa teste à costé droit
ou gauche sans desfaire ses files ny ses rancs. Ie monstreray
cy apres en qu'elle maniere cela se doit executer.

Reuersion ou Retour est le restablissement de la Conuersion
en mesme terrein que couuroit le bataillon estant serré auparauant la Conuersion.

Diuersion ou Distraction est vn mouuement de deux Con-
uersions, par lequel le Bataillon se mouuant tout d'vne piece
presente sa teste vers la part ou premicrement il tournoit le
dos.

Reuirade ou Girande est vn mouuement de trois Conuer-
sions, par lequel le Bataillon presente la teste à costé gauche s'il
fait la Reuirade à droit, ou presente la teste à costé droit s'il fait
la Reuirade à gauche.

K ij

A

*Estat d'vn Ba-
taillon represen-
té en vn ranc
seul.*

B

*La Conuersion
faicte à droict.*

C

*La Diuersion à
droict.*

D

*La Reuirade à
droict.*

*L'on peut s'ima-
giner les mesmes
demarches à
gauche.*

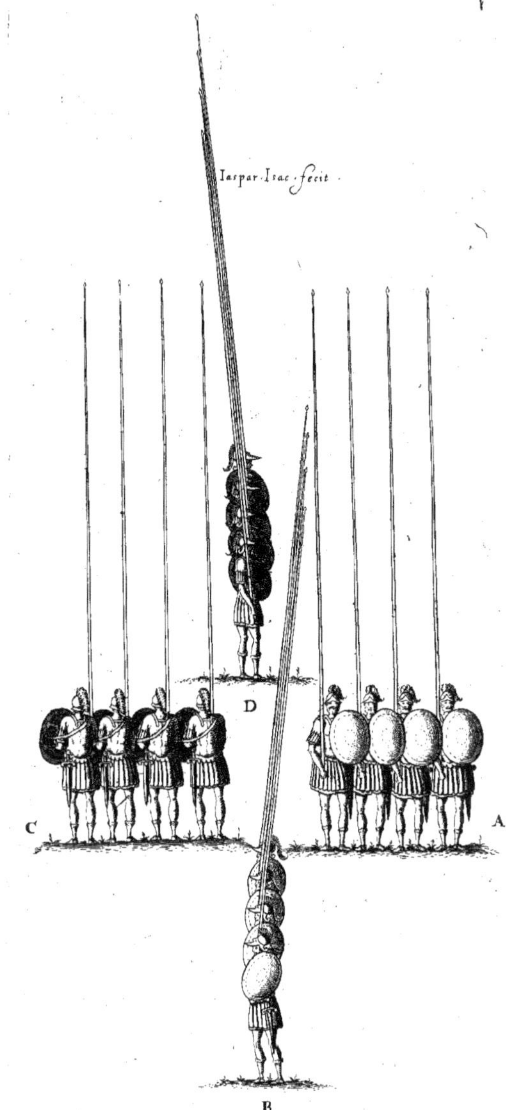

Que c'eſt Dreſſer les files & les rancs & ſe Remettre.

CHAP. XXIIII.

Reſſer les files ſ'appelle, quand chacun ſoldat en ſa file ſe tient en droite ligne du chef de file & du ſerre file gardant les diſtances égales entr'eux.

Dreſſer les rancs ſ'appelle, quãd chacun ſoldat en ſa file, ſe met en droite ligne de ſes coſtiers en diſtances égales: ainſi le ranc des Chefs de file eſt dreſſé, quand ils ſont tous couplés en droite ligne du premier chef de file; le ranc des ſeconds des chefs de file eſt dreſſé, quãd ils ſont appariés en droite ligne du ſecond du premier chef de file, & ainſi des autres.

Se Remettre, Reprendre ſes addreſſes ou ſa viſée, eſt, quand chacun ſoldat retourne viſage vers la part ou premierement il eſtoit tourné, comme ſi le ſoldat qui regarde l'ennemy en face eſt commandé quart de tour à droit, & que puis apres on commande reprendre ſes addreſſes ou ſe remettre, il faudra qu'il ſe rende le viſage tourné vers l'ennemy.

Des Euolutions par files & par Rancs, de leurs eſpeces ou differences, Macedonique, Laconique, Cretoiſe.

CHAP. XXV.

L y a deux ſortes d'Euolutions ou Replis, l'vne par files, l'autre par rancs; & de chacune y a trois eſpeces, l'vne eſt appellée Macedonique, l'autre Laconique, la troiſieſme eſt nommée Contremarche, & Euolution Perſienne ou Cretoiſe.

La Macedonique eſt celle qui change en auant le terrein de la Falange, & preſente ſa teſte vers la part ou premierement elle tournoit le dos.

La Laconique change le terrein de la Falange en arriere, & preſente auſſi la teſte ou premierement eſtoit ſa queuë.

La Contremarche ou Euolution Cretoiſe ou Perſienne, ne change point le terrein de la Falange, mais ſeulement celuy de chacun des ſoldats, qui prennent les places, ſçauoir le chef de file celle du ſerrefile, & le ſerrefile celle du chef de file, & ainſi des autres, & preſente la teſte où premierement eſtoit la queuë.

L

Les Euolutions par rancs se pratiquent, quand le General veut transposer la Bataille, pour ramener les cornes à l'interualle du milieu, & faire passer ceux du milieu aux cornes pour rendre plus fort le milieu de la Bataille: ou quand il veut faire passer la corne droite en place de la gauche, & la corne gauche en la place de la droite. Les mieux aduisés qui n'esbranlent pas toute vne armée à la fois pour faire ces Euolutions l'ennemy estant proche, les font par Bataillons à part.

Chacune des Euolutions se doit faire comme nous allons dire.

<hr>

Comme il faut faire chacune Espece des Euolutions.

CHAP. XXV.

Euolution Macedonique par files est, quand le chef de file fait demy-tour, & ceux de sa file le costoyant de la Pique, se rangent derriere luy chacun en son ordre de file.

L'euolution Laconique par files est quand le chef de file faisant demy-tour de la Pique, meine en vn autre terrein égal ceux de sa file, qui le suiuent & se rangent derriere luy chacun en son ordre de file.

Ou bien, quand le Serrefile faict Demy-tour, & celuy qui est rangé derriere, costoyant la Pique du Serre-file se place deuant luy, & le reste suiuant de mesme se rangent aussi l'vn deuant l'autre tant que le chef de file soit à la teste.

La Contremarche ou Euolution Cretoise est, quand le chef de file faisant Demy-tour de la Pique, meine sa file apres soy & la fait suiure en reply tant que le Chef de file ayt pris la place du Serrefile & le Serrefile la place du Chef de file.

A *Pourtraict de l'Euolution Macedonique.*
B *Pourtraict des deux Euolutions Laconiques.*
C *Pourtraict de l'Euolution Cretoise.*

α *Represente en chacun Pourtraict l'Estat de la file ayant le dos tourné auant que s'esbranler pour faire l'Euolution.*
β *Represente le mouuement de la file esbranlée faisant chacune espece d'Euolution.*
γ *Represente l'Estat de la file ayant tourné visage, apres auoir acheué l'Euolution.*

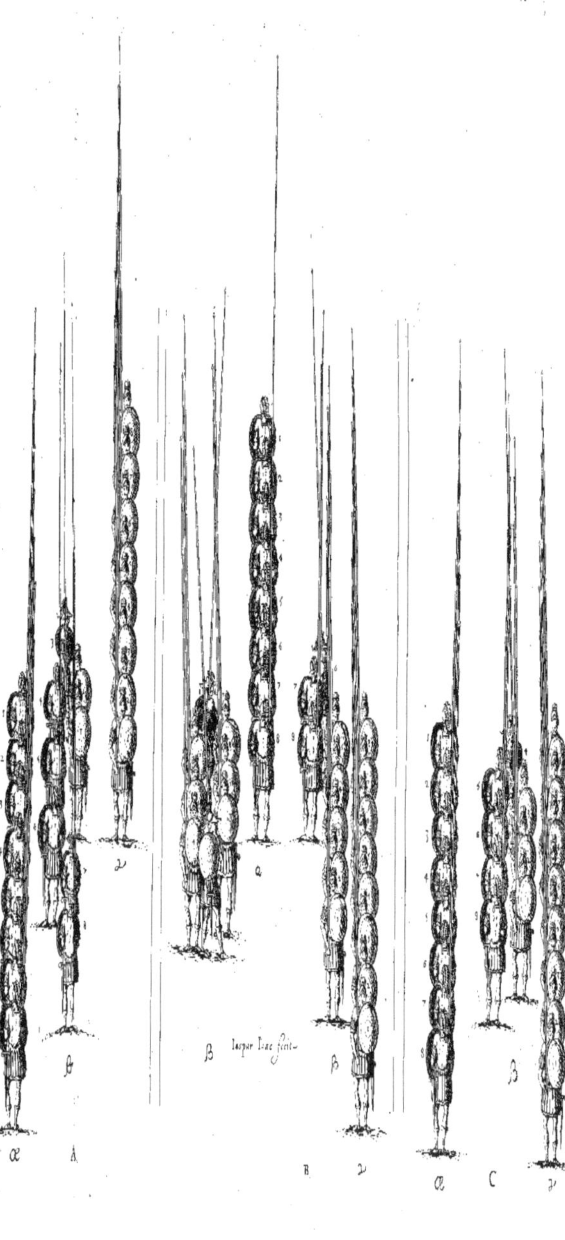

Telles sont les Euolutions par files. Les Euolutions par rancs se font en la mesme façon, de sorte que quand on les voudra faire par Bataillons, vn Bataillon poura faire l'Euolution par rancs sans sortir de son terrein, ou entrera dans le terrein du Bataillon qui est à sa main droite, ou enleuera le terrein du Bataillon qui est à sa main gauche, car cela ne sera en rien different de ce qui a esté dit cy-dessus.

Comme il faut doubler les files & les Rancs, de
Nombre ou de Terrein.

CHAP. XXVII.

IL y a deux sortes de doublemens, l'vn par les rancs, & l'autre par la hauteur, & l'vn & l'autre se fait, doublant seulement le nombre des hommes, ou le terrein aussi. On double le front en nombre d'hommes, quand en lieu de mil vingt quatre soldats nous voulons en mettre deux mil quarante huict en mesme estenduë de terrein, remplissant les distances des Rondeliers par leurs seconds tirés de la hauteur de la Falange, & cela se faict quand nous voulons espaissir le front.

Quand nous voudrons les remettre, nous commanderons que les transposés retournent en leurs places.

Quelques vns n'approuuent pas de doubler le terrein du front quand on est proche de l'ennemy, & trouuent meilleur de desployer sur les aisles l'Infanterie de traict & la Caualerie pour doubler le front de la bataille sans doubler le terrein de la Falange des Rondeliers. Or on double le front de la Bataille quand on veut inuestir les ennemis, ou qu'on s'attend de l'estre par eux.

On double la hauteur, faisant entrer la seconde file dedans la premiere en sorte que le Chef de la seconde file, se loge derriere le Chef de la premiere, & le deuxiesme de la seconde file se mette le quatriesme en la premiere, & le troisiesme de la seconde se mette le sixiesme en la premiere, & ainsi de suitte, tant que la seconde file soit entrée dans la premiere, & la quatriesme dedans la troisiesme, & toutes les files deuxiesmes dans les vniesmes. Et ce fait ce doublement de hauteur

quand

quand on fait l'Euolution, faifant demarcher la moitié des
foldats derriere leurs coftiers, commençant par celuy qui
eft à cofté du Serrefile, & faifant fuyure de mefme les autres coftiers : ou quand fans entrer l'vne dans l'autre, la moitié
des files faifant l'Euolution, double le terrein de la hauteur.
Quand nous voudrons les reftablir, nous rappellerons en
leurs files ceux qui f'eftoient placés parmy ou derriere les
autres.

---

*Des Falanges ou Batailles Minces Altieres, Biaisées : Renforcer,
Couurir le front, Faire Efpaule.*

C H A P. XXVIII.

Alange ou Bataille mince eft celle qui a grand
front & peu de hauteur, Falange ou Bataille
altiere eft celle qui marche à la file ou en manche ayant beaucoup plus de hauteur que de
front, & generalement on appele mince tout
ce qui a plus de largeur que de hauteur, & Altier tout ce
qui a plus de profondeur que de front, & par confequent
les Batailles auffi.

Bataille biaifée eft celle qui ioint & combat l'ennemy
de l'vne de fes cornes en auantgarde, & tient l'autre reculée
pour l'attendre de pied coy.

Renforcement eft, quand ayant rangé plus auant vne
partie des Bataillons, on remplit leurs interualles faifant paffer en pareil front ceux de derriere.

Couurir le front, quand apres auoir mis en ordre les Bataillons des Rondeliers, on paffe deuant leur tefte les Gens
de traiƈt.

Faire Efpaule, quand les gens de traiƈt font placés derriere les Rondeliers.

Border le flanc, quand des deux coftés de l'ordonnance
ou d'vn feulement, on attache d'autres troupes que l'on aduance à l'égal du front du Bataillon.

Garnir le dedans, quand les Gens de traiƈt font rangés
homme pour homme entre les diftances des Rondeliers de
la Falange.

M

Souftenement, quand foubs les aifles de la Falange on range comme en potance les manches des Gens de traict, de forte que le tout reffemble à la figure d'vne porte.

Comme il faut commander les Conuerfions & Reuerfions.

CHAP. XXIX.

'Enfuit de monftrer comment il faut faire la Conuerfion par Bataillons, & comment les remettre en leur premier eftat, quand doncques nous voudrons accouftumer les Bataillons à faire la Conuerfion vers la Pique, nous commanderons à la file de main droite de ne bouger, & à toutes les autres quarter vers la Pique, & ferrer les files à droit, puis fe remettre, & ferrer les rancs en auant, & cefte preffe eftant faite, à droit faire la conuerfion. Quand cela fera fait, fi nous voulons remettre le Bataillon en fon premier eftat, on commandera vers la Rondache demy-tour, c'eft à dire, que chacun tourne le vifage vers la part ou il tournoit le dos, puis faire le Retour ou la Reuerfion, c'eft à dire, que tout de mefme que le Bataillon eftant ferré a fait la Conuerfion pour f'addreffer vers la main droite, ainfi il fe retranfporte tout d'vne piece au terrein qu'il tenoit eftant ferré auant la conuerfion. Cela fait que les chefs de file ne bougent, & que les autres aduancent par rancs, puis demy-tour, en forte qu'ils fe trouuent le vifage tourné comme auparauant la conuerfion. En apres qu'en chacun Bataillon la file de main droite ne bouge, car elle a defia repris fa place, & que tous les autres quartent vers la rondaches, puis aduancent par files, & fe remettent, & cela fait chacun aura recouuert la place qu'il tenoit premierement.

Quand nous leurs voudrons enfeigner la Conuerfion vers la rondache, nous commanderons en chacun Bataillon à ceux de la file de main gauche ne bouger, & à tous les autres quarter vers la rondache, & aduancer à gauche, puis fe remettre, puis ferrer les rancs en auant, puis faire la Conuerfion, & voila le commandement executé.

Quand nous voudrons les remettre , nous ferons le femblable à ce que nous faifions apres la conuerfion à droit : Car
premierement on commandera demy-tour vers la pique,
puis faire le retour , en apres que le ranc des chefs de file ne
bouge, & que les autres aduancent par rancs, & que tout facent demy-tour. En apres, que la derniere file de main gauche
ne bouge ; car elle a defia repris fa place, les autres ayant quarté vers la pique aduancent iufques à tant que les diftances
foient reprifes, puis fe remettent , & ils fe trouueront tous
en leur premiere ordonnances.

Comme il faut faire les Diuerfions ou Diftractions,
& les Reuirades.

C H A P.   X X X.

I nous voulons que les Bataillons facent la Diuerfion à droit, nous commanderons à chacun
Bataillon de faire deux conuerfions à droit, &
il arriuera que la demarche des Bataillons fera
tourner tefte aux chefs de file , vers la part ou
premierement ils tournoient le dos. Quand nous voudrons.
les remettre , nous commanderons encores vne diuerfion à
droit, c'eft à dire deux autres conuerfions, & il arriuera que
les chefs de file feront mefme tefte qu'ils faifoient auparauant
la premiere Diuerfion. Cela eftant fait nous commanderons
aux chefs de file de ne bouger, & aux autres demy-tour, &
lacher les rancs en arriere, puis vne autre demy-tour, & en
chacun Bataillon à ceux de la file de main droite, ne bouger,
car elle eft defia remife, & aux autres ayant quarté vers la
rondache aduancer & reftablir les premieres diftances puis
fe remettre, & ce faifant les Bataillons feront retournés en
leur premiere eftre.

Si nous voulons que les Bataillons facent la Diuerfion à
gauche nous vferons de commandemens contraires, comme
en lieu de deux conuerfions à droit, nous commanderons
que l'on face la Diuerfion vers la rondache , & pour les remettre apres en auoir fait encor vne, nous vferons de mefme
conduitte que deffus.

M ij

Il y a auſſi vn mouuement que l'on appelle Reuirade, quand on fait trois conuerſions vers la meſme part, comme vers la pique ou vers la rondache. Or la Diuerſion faict tourner viſage aux rondeliers ou premierement ils tournoient le dos : mais la Reuirade à droit tourne la teſte du Bataillon vers la main gauche : & la Reuirade à gauche, tourne la teſte du Bataillon vers la main droite.

Comment il faut ſerrer la Falange vers les cornes ou vers le milieu,
& comment la remettre.

CHAP. XXXI.

SI nous voulons ſerrer ou preſſer la Falange vers le coſté droit, nous commanderons que la derniere file de la corne droite ne bouge, & à tout le reſte ayant quarté vers la pique aduancer vers la main droite puis ſe remettre & ſerrer les rancs en auant. Quand nous la voudrons reſtablir, nous commanderons aux chefs de file ne bouger, & aux autres demy-tour & lacher les rancs en arriere, puis encor autre demy-tour, puis à la derniere file de la corne droite tenir ferme, car elle eſt deſia reſtablie en ſa place ; & que les autres ayant quarté vers la rondache ſuyuent les premiers, & leurs premieres diſtances eſtant repriſes ils ſe remettent. Si nous voulons ſerrer la Falange vers la corne gauche nous vſerons de commandemens contraires.

Si nous voulons preſſer la Falange vers le milieu ; nous commanderons aux deux Batailles de main droite quarter vers la rondache, & aux deux de main gauche quarter vers la pique, en apres aduancer vers le milieu de la Falange, puis que tous reprennent leurs addreſſes, & aduancent les rancs de derriere. Quand nous voudrons remettre la Falange en ſon premier eſtat nous commanderons demy-tour, & aduancer les rancs excepté le premier ranc, puis vne autrefois demy-tour, & aux deux Batailles de main droite quarter vers la pique, aux deux de main gauche vers la rondache puis ſuyure ceux de deuant, iuſques à tant qu'ils ſoient retournés à leurs premieres diſtances, puis ſe remettre. Or l'on doit eſtre aduerty qu'en

ty qu'en tous les mouuemens qui se font apres estre serrés, il
faut porter les piques droites & hautes, crainte que les rondeliers tournant teste ne s'embarassent, & vserons de pareille
conduite pour l'instruction de l'Infanterie de traict.

<hr>

Consideration sur l'vtilité des mouuemens & demarches
qui ont esté enseignées, & la difference
des Euolutions.

CHAP. XXXII.

 Es commandemens de demy-tours, Conuer-
sions, Diuersions, & Remises sont vtiles contre
les suruenuës inopinées des ennemis, quand ils
se monstrent en flanc de l'armée à droit ou à
gauche de son chemin, ou qu'ils l'attaquent par
la queüe: de mesme est-il des Euolutions, desquelles la Macedonique a esté inuentée par les Macedoniens, la Laconique
par les Lacedemoniens, & l'on raconte à ce propos que Philippe qui aggrandit l'Estat de Macedone, vainquit les Grecs à
Chaeronée & se feit declarer Capitaine general de toute la
Grece, & Alexandre le Grand son fils qui conquit en peu
de temps toute l'Asie, n'approuuoyent pas l'Euolution Macedonique sinon au cas que la necessité les y forceast, &
que l'vn & l'autre se seruant de la Laconique vainquirent
leurs ennemis. Car l'Euolution Macedonique se faisoit auec
beaucoup de trouble quand les ennemis fondoyent au des-
pourueu sur la queüe de l'armée, par ce que la demarche du
serrefile en l'arrieregarde & autres se costoyant pour aller
prendre place derriere le Chef de file en l'auangarde, faisoit pa-
roistre vne façon de fuitte, & rendoit l'ennemy plus hardy
qui ne manquoit point de donner l'espouuante & serrer les
talons à ceux qui faisoient telle Euolution. Mais l'Euolution Laconique fait le contraire, car quand les ennemis donnent en queüe, les chefs suyuis de leurs files, venant à saillir &
tourner teste vers eux, pour les choquer de rencontre, les ar-
restent & donnent à penser.

N

*Qu'il faut accoustumer les Troupes de Caualerie & d'Infanterie,
à receuoir des commandemens de voix par son de trompe
ou par signal.*

CHAP. XXXIII.

R il faut accoustumer les troupes d'Infanterie
& Caualerie, à receuoir les commandemens
tantost de la voix, tantost par signals qui peuuent estre veus de loing; afin qu'à tout propos
on se puisse communiquer, quelquefois à son
de trompette, car ainsi tous commandemens seront executés.
Ceux que l'on donne à entendre de la voix sont plus intelligibles quand il n'y a rien qui empesche. Ceux de signal se font
entendre sans bruit quand rien ne leur fait ombre. Ceux de la
voix sont quelquesfois malaisés à entendre à cause du craque-
ment des armes, des allées & venuës des troupes de Caualerie, hennissement des cheuaux, tintamarre du bagage, &
bruit de tout l'attirail du camp. Ceux qui se font par signal ne
peuuent quelquesfois passer à cause d'vn broüillas, de la poussiere, de la pluye, des neiges, de la reuerberation du Soleil, ou
encor à cause de l'Inegalité des lieux qui seront couuerts de
bois ou pleins de fondrieres & destours: Et d'auantage il est
malaisé de trouuer des signals propres à toutes occurences,
veu que les occasions presentent souuentesfois des nouueau-
tés non premeditées. Il ne peut toutesfois arriuer tant d'in-
conueniens à la fois, qu'vn commandement ne puisse estre
communiqué de voix ny par signal.

*Du train d'vne armée, & maniere de marcher à la file, comment il
se faut ranger en Tenaille pour combatre vne Manche de droit
fil, & Briser vne Manche de droit fil en trois Bataillons
pour combatre vne Tenaille.*

CHAP. XXXIV.

Vant que parler de l'ordre de marcher, nous aduer-
tirons premierement qu'vne armée qui tire de
longue pourra filer en marchant de la teste ou des
aisles des bataillons, droite ou gauche, pour faire front d'vn

cofté ou deux ou trois ou quatre. D'vn cofté, quand on ne
craindra que d'vne part, de deux quand on fe doubtera d'autant, de trois fronts quand il faudra pourueoir à trois co-
ftez, de quatre fronts quand les ennemis voudront affaillir
de toutes parts : & partant les marches font quelquefois
en vne Bataille, d'autresfois en deux trois ou quatre Batailles.

Filer de la tefte, ou Marcher de droit fil f'appelle, quand vne
ordonnance attache fa tefte à la queüe de la precedente; comme quand vne compagnie marche la premiere, & les autres
fuyuent bout à bout, ou vne efquadre marchant la premiere,
les autres fuyuent apres bande à part.

Telle façon dif-je de marcher de longue ayant beaucoup
plus de hauteur que de front f'apelle, Manche de droit fil. Ie reprefente cefte ordonnance en deux files de dix hommes chacune, & à l'encontre d'elle eft rangée vne Tenaille compofée
d'vn ordre de marcher en deux batailles contrepointées, qui
f'efcartent par la tefte, & f'attachent par la queüe en forme
d'vn V, comme monftre ce pourtraict qui reprefente les premiers efloignés & les derniers vnis enfemble; Car la manche

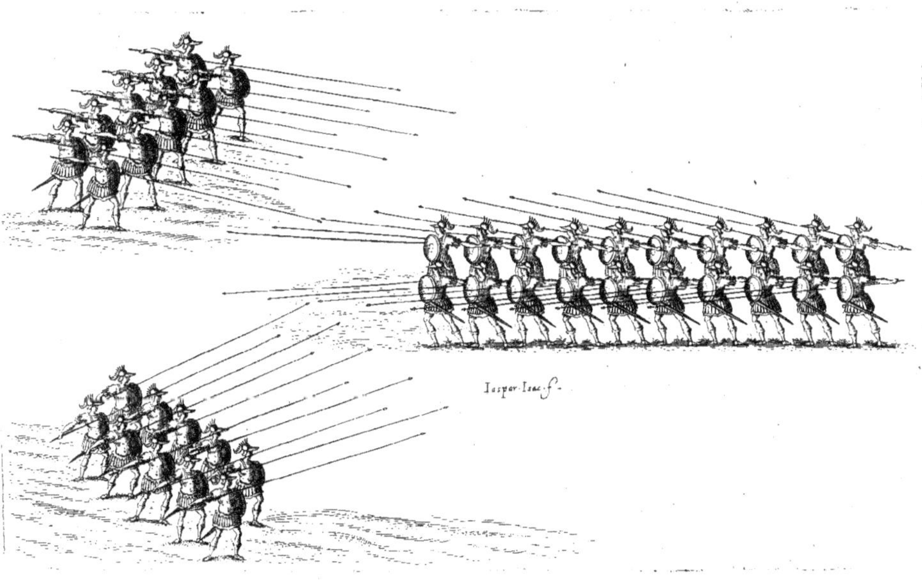

de droiƈt fil ſe rüant dans le milieu des ennemis, ceux de la Tenaille n'ont aultre meilleur expediét que de ſentr'ouurir pour
donner vent au choq de la teſte des troupes, & charger à trauers les flancs de la manche de droit fil. Mais contre la Tenaille ſe rangent trois Batailles l'vne deſquelles combat l'vne
des pointes de la Tenaille, la ſeconde combat l'autre, & la
troiſieſme tient ferme au milieu attendant qu'on la vienne
attaquer.

Des Manches Coſtieres & Bataillons qui marchent de l'aiſle.
CHAP. XXXV.

MArcher de coſté ou de l'aiſle ſ'appelle quand vne
Bataille a ſes Capitaines ou Chefs de file coſtoyás
ſur la main droite, qui ſe nomme Marcher de
l'aiſle droite, ou ſur la main gauche, qui ſ'apelle
Marcher de l'aiſle gauche, & marche à la file non
plus par files, mais par rancs; diſpoſant ſes batailles pour faire
teſte de deux, trois ou quatre coſtés de tant que l'on ſe doutera
de l'ennemy. Ces deux Bataillons en rendant leur premier
combat par le flanc ont le front triple à la hauteur, ſçauoir dix
à la teſte & trois en hauteur. C'eſt vne façon de combatre à laquelle il faut que les ſoldats ſoient accouſtumés, afin qu'ils
ſoient exercés à ſouſtenir vne charge par le flanc auſſi bien
que de front.

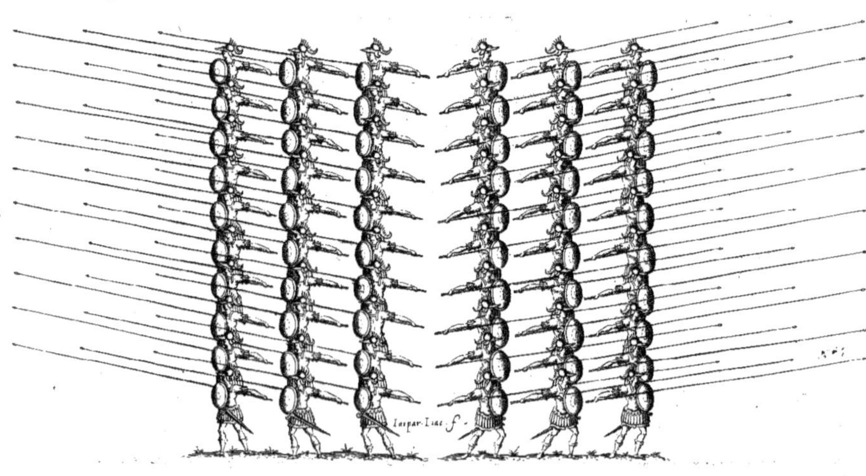

Bataille Contrepointee en auant & en arriere.

CHAP. XXXVI.

Ataille contrepointée est ainsi nommée parce qu'elle a deux pointes contraires. Pointe s'appelle le premier rang qui se presente à l'ennemy, & parce qu'en ceste figure ceux du milieu sont à contredos & ceux des bouts combattent l'ennemy, les Chefs de file par deuant, & les serrefiles par derriere, elle a pris de la son nom, & est tres-vtile à vne Infanterie qui combat vn ennemy puissant en Caualerie, & qui peut prendre carriere pour l'enfoncer de part & d'autre. On se met ordinairement en ceste figure de Bataille contre les Barbares qui habitent le riuage du Danube, que l'on nommoit jadis Voltigeurs parce qu'ils ont accoustumé de saulter d'vn Cheual sur l'autre. L'escadron de Caualerie rangé à l'encontre d'elle estant premierement quarré de terrein s'est à dessein coupé en deux ordonnances doublées, car celles qui ont le front double à la hauteur se nomment ainsi ; chacune desquelles attaque vne partie de l'Infanterie.

Bataille Contrepointee par les flancs.

CHAP. XXXVII.

Ne Bataille contrepointée par les flancs est semblable à la precedente, & changeant seulement de posture, pour s'exercer contre toutes façons d'estre attaqué par la Caualerie.

O

Tout ce qui a esté dit de la Caualerie & Infanterie de la Bataille precedente , conuient pareillement à celle-cy sans autre difference, sinon que l'autre combat par la teste & par la queuë, & celle-cy combat par les flancs. Ceux qui sont rangés en ceste ordonnance & en la precedente combattent auec lances fort longues, comme les Hongrois & Polonois.

La moitié donc des corselets de chacune file regarde en auant , & l'autre tourne visage en arriere, de sorte qu'ils sont à contredos, & les Chefs de file font vne teste en auant, & les serrefiles vne autre teste en arriere. Ou bien se partageant en deux batailles , ils font teste pardeuant de l'vne d'icelles, & de l'autre bataille teste par derriere.

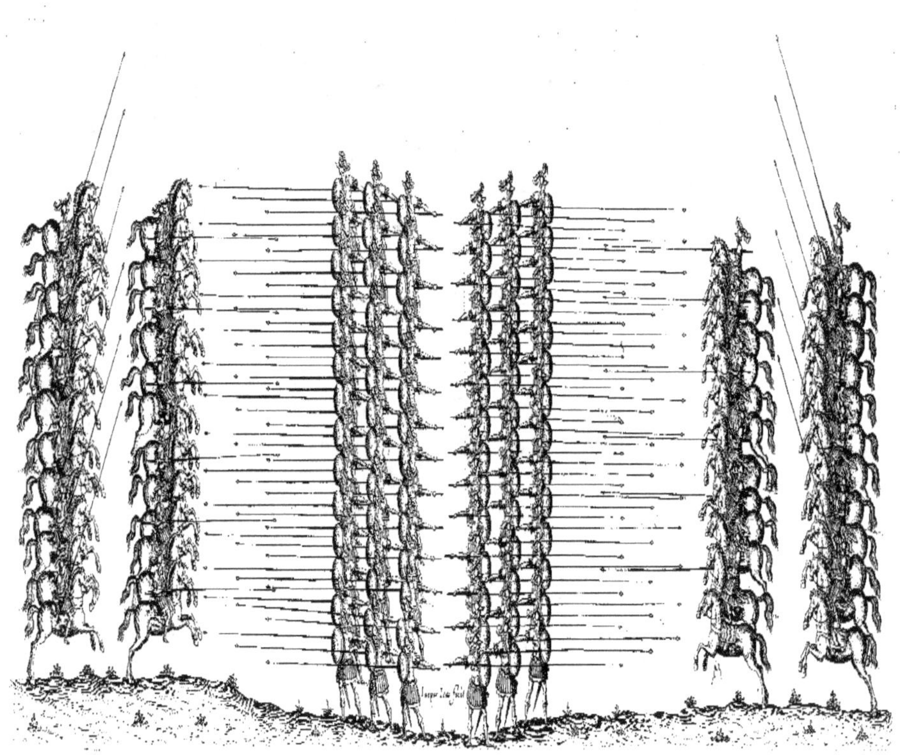

Bataille

*Bataille Contrepointée en dedans, pour soustenir le choq d'vn
Escadron de Caualerie rangé en Esperon.*

CHAP. XXXVIII.

I L y a vn autre Bataille contrepointée qui tient ses chefs de file, non plus en dehors sur les flancs, mais en dedans rangés à contrefront les vns des autres, les serrefiles en dehors marchant les vns de l'aisle droite, les autres de la gauche. Ceste figure se met en pratique quand la Caualerie attaque en forme de Triangle, Car la pointe du triangle abboutissant en aigu, & ayant les flancs garnis de ses chefs resolus d'entamer le front du Bataillon de gens de pied; Les Capitaines d'Infanterie preuoyans cela, se placent au mi-lieu pour leur empescher l'entrée ou du moins pour les faire eschapper sans effect. Car ceux cy assaillent en Triangle esperant d'enfoncer le milieu de la foule, & mettre tout le Bataillon en desordre, les Chefs d'infanterie cognoissant l'effort de ceste figure s'entr'ouurent vn peu & faisant d'vne part & d'autre comme deux hayes ou murailles & se pointant vers le milieu, leur donnent passage à vuide. C'est Escadron de Caualerie est par les Maistres de Sergenterie nommé Esperon, inuenté par Philippe Roy de Macedone, qui rangeoit les plus vaillans en dehors, afin que par leur moyen les plus foibles rendissent du seruice, de mesme que nous voyons en vne pointe de pique, ou en vne espée le fer du bout & du taillant qui est aceré trempé & affilé, donner entrée à celuy du milieu qui est mol & rebouchant.

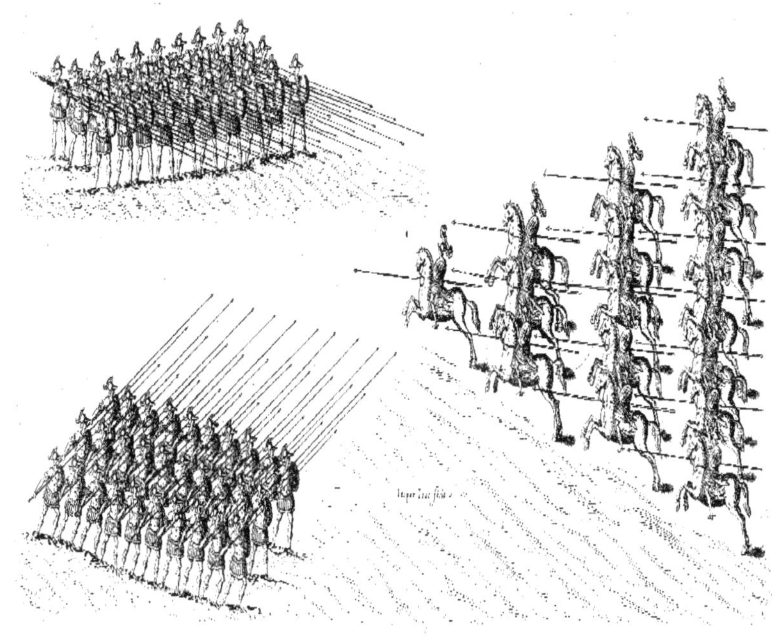

Bataille ou Falange à testes tournantes.

CHAP. XXXIX.

E ces Falanges qui marchent de l'aisle à la file, l'vne tient ses Chefs en marche costiere biaisée vers la main droite, l'autre biaisée vers la main gauche, ayant les serrefiles en dedans. La figure de ceste ordonnance monstre le dessein des combattans ; car apres que le Batail-lon assaillant de quarré qu'il estoit s'est coupé en deux cornes biaisées l'vne droite & l'autre gauche, voulant entourer le Ba-taillon ennemy semblablement quarré ; ceux qui s'en alloient estre enuironnés & inuestis, se sont transformés en deux Ba-tailles mouuantes, l'vne desquelles heurte la corne gauche des assaillans, l'autre se renuerse contre la droite, d'où vient que telle Falange a esté nommee à testes tournantes, c'est à dire tournant teste vers l'ennemy de quelque part qu'il se pre-sente.

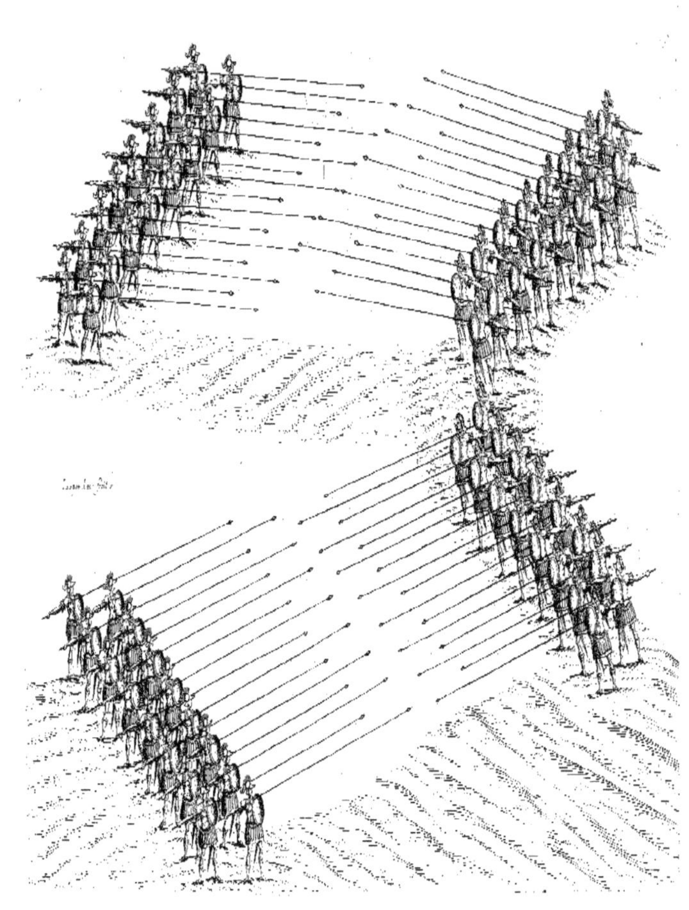

Bataille de mesme fil : Bataille bigarée : Bataille
à quatre fronts.

CHAP. XXXX.

Ataille de mesme fil est ainsi nommée, parce qu'vne file de seize hommes faisant marche à part, vne autre file la suit tout de mesme en queuë : partant elle a esté ainsi nommée par ce que ceux qui se tallonnent marchent de mesme fil, c'est à dire les testes des Bataillons tournées vers mesme part. Elle marche au contraire d'vne Bataille à quatre fronts. Bataille à quatre fronts est vne ordonnance quarrée de terrein & de nombre : de terrein, parce que les distances sont égales en tout sens : de nombre, parce qu'il y a autant d'hommes en hauteur que de front. Ceste Bataille retire ses Archers & tireurs de fonde hors des flancs, & les enferme à couuert des Corselets rangés en front des quatre costés : elle est de deux demy-files, car la moitié d'vne file s'appelle demy-file, & la file estant de seize hommes la demy-file en a huict.

Quand deux Batailles se costoyant l'vne l'autre, ont toutes deux leurs chefs en marche costiere à droit, ou en marche costiere à gauche, elles s'appellent deux Batailles de mesme fil.

Bataille bigarrée est celle laquelle marchant des aisles, a les chefs du premier Bataillon costoyans sur la main droite, ceux du second sur la main gauche : de sorte que les Bataillons marchent entrelacés l'vn ayant ses Chefs sur l'vn des flancs, l'autre sur l'autre, & ainsi du reste.

D'vn

D'vn Escadron de Caualerie en Lozange combatu par vn
Bataillon d'Infanterie formé en Croissant.

CHAP. XXXXI.

Leon Thessalien fut inuenteur de tel escadron qui de son nom fut appelé Ilé, & exercea tous les Thessaliens en ceste figure. Elle est tres-vtile , d'autant qu'elle a vn chef placé à chacun de ses Angles, le Capitaine à la teste, le Lieutenant à la queuë, les Gardeflancs de costé & d'autre. Elle est combatuë par vne Bataille d'Infanterie en Croissant, qui a les cornes en auant conduites par les Chefs & se creuse au milieu pour enclorre la Caualerie. Partant ces Caualiers la combattent à la guise des escarmoucheurs Tarantins, lanceant de loing leurs Iauelots, pour rembarrer la marche tournoyante des pietons.　Or Tarante est vne ville d'Italie d'où ont pris le nom les escarmoucheurs à cheual, parce que les estradiots de ceste nation dardent force petits Iauelots auant que de venir aux mains.

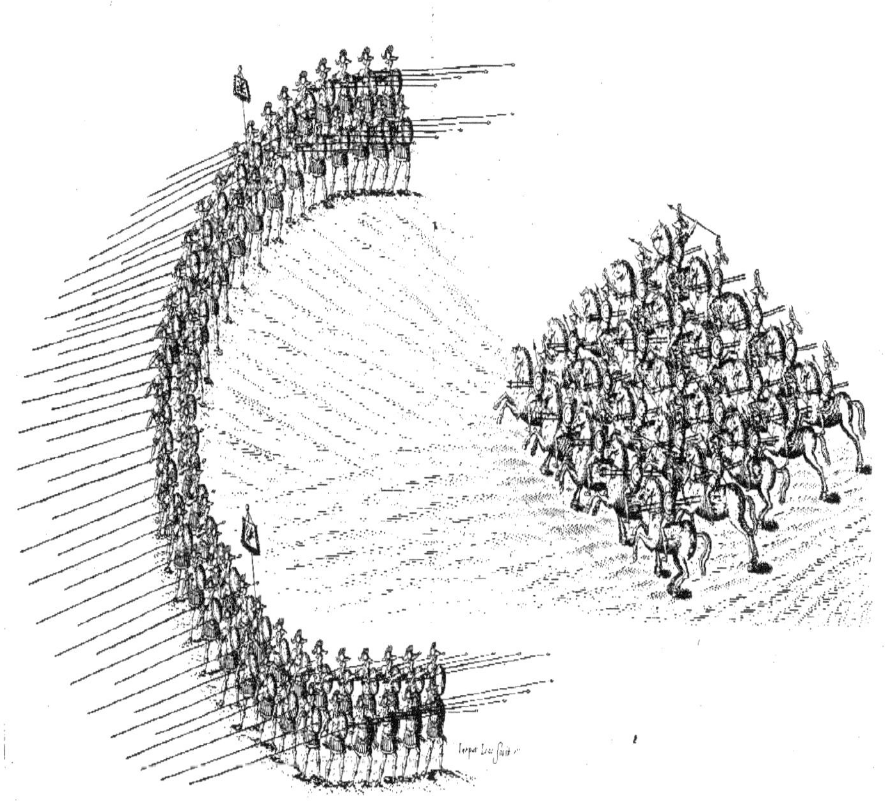

*Escadron de Caualerie doublé en hauteur combatu par de l'Infan-
terie rangée en haye ou Bataille Mince.*

CHAP. XXXXII.

'E s t Escadron doublé à la hauteur double au front, &
est vtile en plusieurs sortes : Car il trompe l'ennemy
faisant montre de peu de Gens par ce qu'il ne tient
point de largeur. Il peut à cause de son espaisseur & l'impe-

tuosité de sa carriere enfoncer aisément les forces de l'ennemy, & est habile à se couler insensiblement par vn passage
estroict. Contre ceste Caualerie, l'Infanterie se range en Bataille Mince, laquelle s'estend fort en front, afin qu'encores
qu'on luy passe sur le ventre, il y ait peu de hauteur enfoncée,
& que la fougue de la Caualerie prenne bien tost vent sans
trouuer de foule qui luy resiste, pour laquelle renuerser elle
s'estoit rangée en beaucoup plus de hauteur que de front.

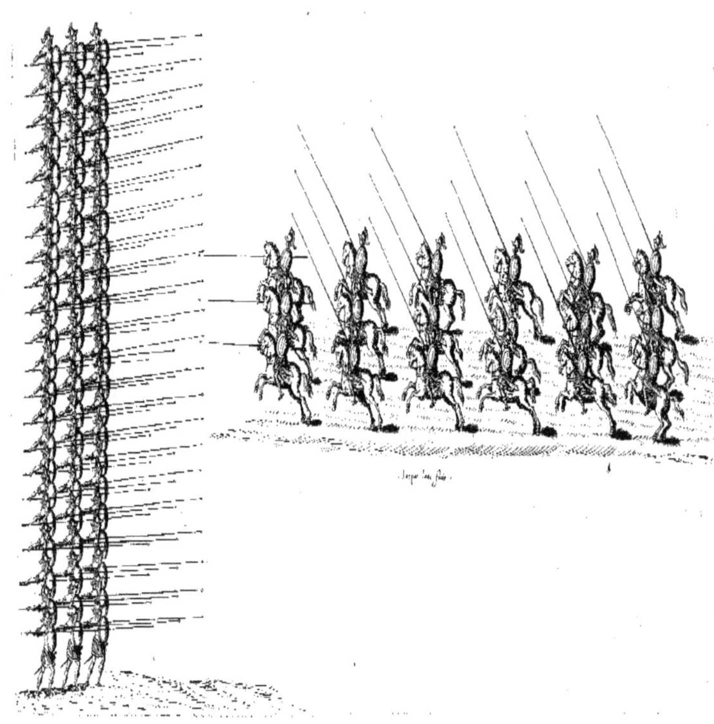

*Autre Escadron de Caualerie en Loʒange combatu par vn
Bataillon d'Infanterie fourchu en auant.*

CHAP. XXXXIII.

IE n'ay rien plus à dire de cellecy, sinon qu'elle garde vn ordre de files & n'a point de rancs: Car discourant auparant de l'vtilité de ceste figure, i'ay dit que Ileon Thessalien l'auoit inuentée, & que Iason l'auoit exercée. Elle est de grand effect, estant ses quatre costés

gardés par le Capitaine, par le Lieutenant, & par les Garde-flancs. C'est Escadron est composé d'Archers à cheual, armés à la mode des Armeniens & des Parthes. Ie luy presente à combattre vn Bataillon d'Infanterie fourchu en auant, qui est ainsi appellé par ce qu'il plie ses aisles en façon de fourchons aduancés: son dessein est de surprédre les Archers à cheual lors qu'ils seront venus à la charge & engagés, les enfermiant dans le vuide du milieu: ou bien, afin que les ayant par ceux des cornes mis en desordre & rendu vain leur choq, il puisse les desfaire en les attaquant auec ses gens frais du milieu.

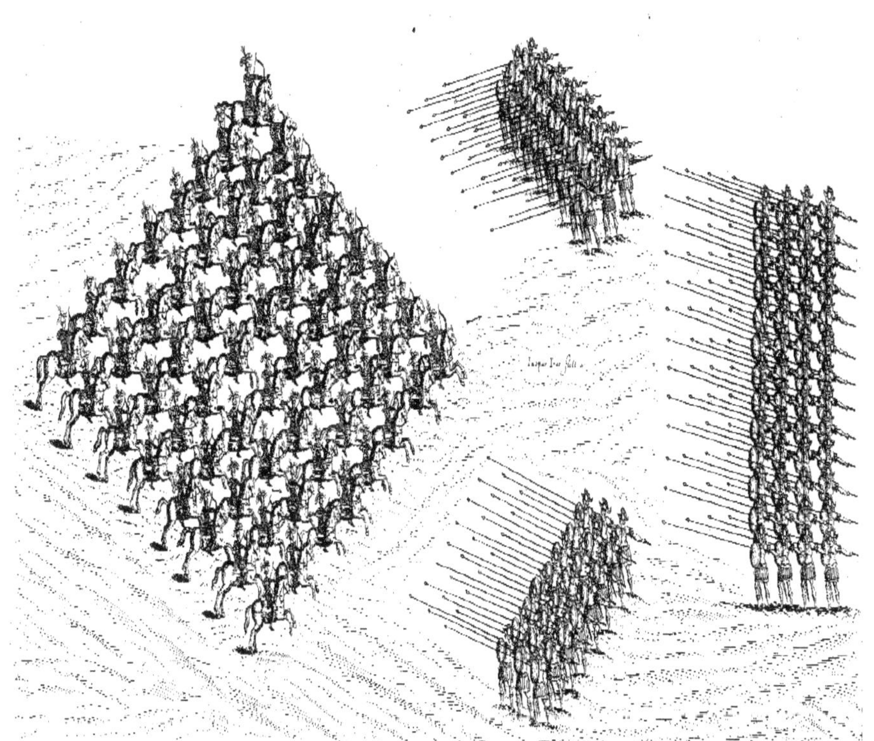

Bataille Fourchuë en arriere, & autre Bataille Boſſuë.

CHAP. XXXXIV.

Elle-cy veut iouer d'vne autre ruze, par ce qu'ourant vn grand vuide au milieu de ſes fourchons rabatus & tournés en arriere, elle fait montre de peu de gens qui marchent de front d'vne corne à l'autre, mais elle en a trois fois autant qui ſuiuent en queuë, afin que ſi ceux des cornes ſe trouuent d'abord eſtre plus forts, il ne ſoit beſoin d'employer les autres : ſinon, ceux de derriere

accourans de part & d'autre ſe joignent au gros Bataillon. La Bataille que l'on appreſte à l'encoutre de celle-cy s'appelle Boſſuë à cauſe de la rondeur de ſon ordonnance : ſon deſſein eſt auſſi que ſa figure voutée face montre d'auoir peu de forces rangées pour combattre : car les figures rondes paroiſſent contenir peu en leur circuit, mais eſtant deſployées elles ſ'eſtendent au double, comme l'on peut remarquer aux colonnes roudes deſquelles l'on ne veoit qu'vne moitié à la fois, l'autre demeurant cachée derriere. L'artifice de ceſte ordonnance eſt tres-beau pour ſe monſtrer peu aux ennemis & leur fondre au double ſur les bras.

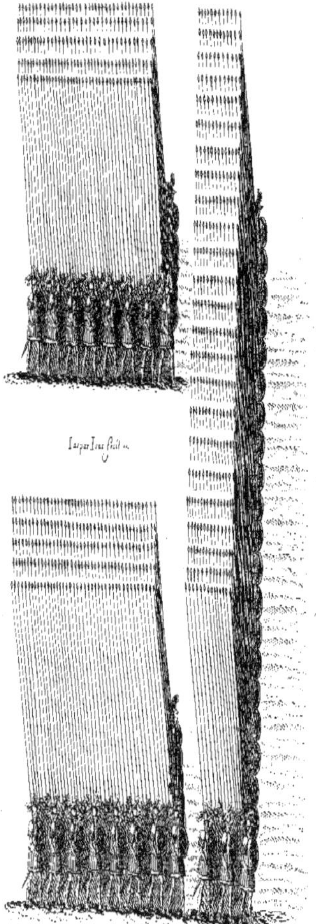

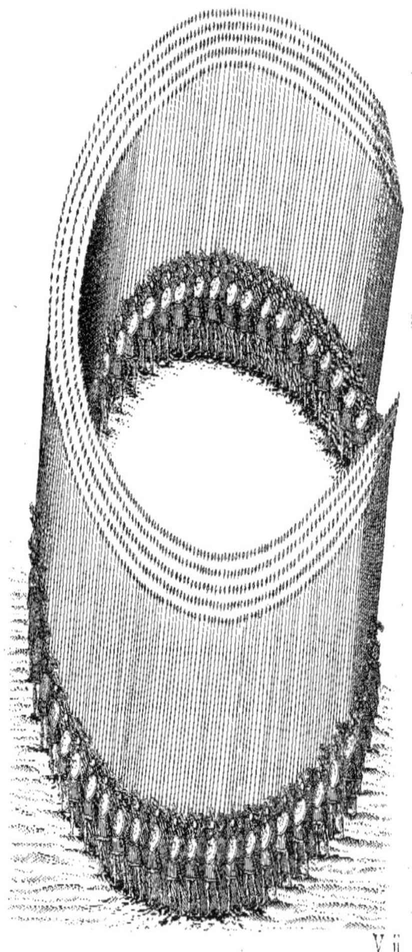

D'vn Escadron de Caualerie quarré de terrein combatu par vn Bataillon d'Infanterie rangé en Esperon ou Triangle.

CHAP. XXXXV.

'Est Escadron de Caualerie est quarré de terrein, & non de nombre : Or de telles quarrés le nombre n'en peut estre limité, car l'on peut faire le front double à la hauteur, ou autrement, selon le seruice qu'on veut en tirer. Ceste figure a esté ordinairement en vsage parmy les Perses, Siciliens, & la plusspart des Grecs, ayant recogneu ceste ordonnance tres-aisée, & de meilleur seruice que les autres.

L'Infanterie qui luy fait teste est rangée en Bataillon nommé Triangle ou Esperon, & à tous ses flancs garnis de rondeliers, & se dresse à l'imitation des Triangles de Gens de cheual, sinon qu'en la Caualerie, suffit de mettre vn Gendarme à la pointe, mais en l'Infanterie on met trois Rondeliers à la teste, par ce qu'vn tout seul ne seroit pas bastant d'attaquer l'ennemy. Epaminondas Thebain en la bataille qu'il donna contre les Lacedemoniens à Mantinée ayant serré ses troupes en vn gros bataillon en Esperon, vainquit vne tres-puissante armée. On forme ce bataillon quand deux Falanges de marche costiere sur les deux aisles ioignent leurs testes, & escartent leurs queües en ceste figure Λ.

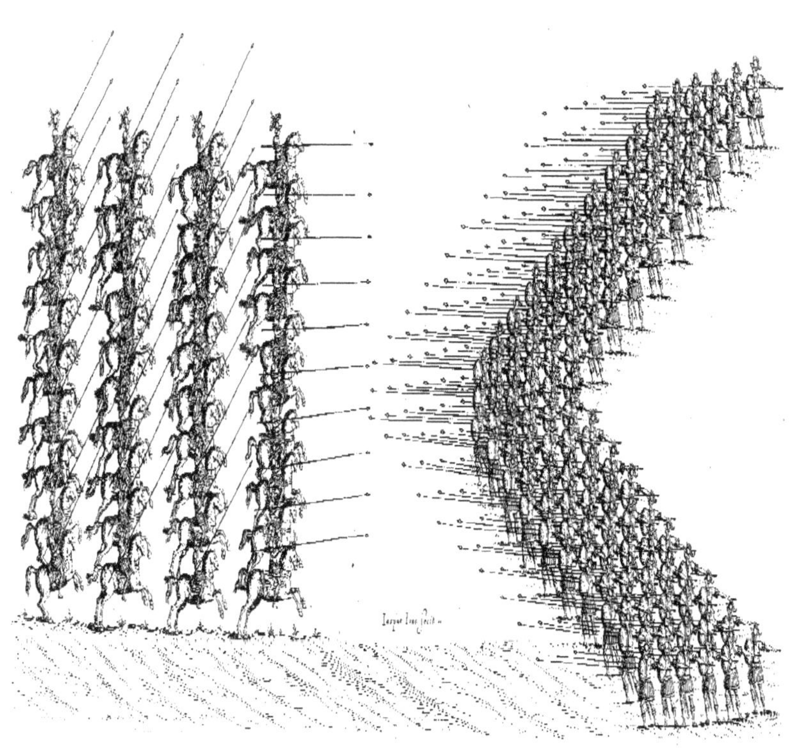

*Bataillon enchassé combatu par des Pelotons rangés
en Eschiquier.*

CHAP. XLVI.

Eluy cy a beaucoup plus de front que de hauteur & est nommé Bataillon Enchassé, quand les Corselets rangés en dehors de tous costés, enuironnent & parquent les Archers & tireurs de fonde au milieu d'eux. Ceux qui s'apprestent de combattre cest figure, l'abor-

dent par Pelotons rangés en Eschiquier, afin que par le moyen des breches de leur front ils prouoquent & attirent ceux du Bataillon enchassé à charger les parties plus aduancées de leur Bataille, & ce faisant, lacher & entr'ouurir l'espaisseur de l'ordre du chassis de ce Bataillon, aussi les chefs de file des Pelotons en Eschiquier prennent garde à la contenance des Chefs ennemis, afin que soit qu'ils demeurent serrés, eux aussi les combattent de mesme, s'ils se detachent ou diuisent par troupes, ils soient les premiers à les rencontrer auec leurs forces, dont le partage est des-ja tout fait.

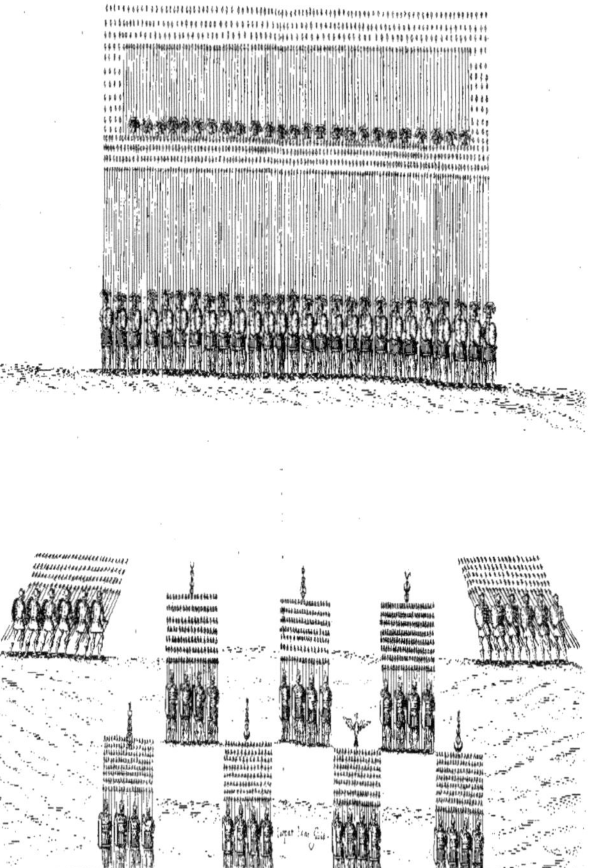

Que c'est qu'Enuelopper, Inuestir, Amenuiser.

CHAP. XLVII.

Ondeliers ou Corselets sont appellés ceux qui se couurent d'armes complettes, morions & greues, & portent des rondaches grandes de sept palmes de diamettre, ou des longs pauois, & des piques de quatorze Coudées.

Les Targes ont leurs armes plus legeres, car en lieu de cui-rasses ils portent des halecrets ou haubergeons, & sont le plus souuent armés de Cabassets, d'où vient que plusieurs les ont rangés auec les Gens de traict.

Gens de traict sont ceux qui n'ont aucunes armes defensi-ues, mais se seruent seulement d'armes de longue portée, & offensiues de loing, les vns d'Arcs, les autres de Iauelines, & les autres de fondes.

Enueloppement s'appelle, quand le front de nostre Batail-le surpasse les deux cornes de l'ordonnance ennemie.

Inuestir s'appelle quand nous surpassons l'ennemy de l'vne des cornes seulement, de sorte que quiconque enueloppe l'ennemy, l'inuestit aussi, mais non au contraire, car il se peut faire qu'ayant moins de troupes l'on inuestira l'ennemy d'vn costé.

Amenuisement est, quand l'on diminuë la hauteur de la Bataille, en sorte qu'il y ait moins de seize hommes par file.

De la conduitte du bagage, & des cinq manieres d'icelle.

CHAP. XLVIII.

A conduitte du bagage est tres-importante en vne armée, & requiert vn Chef à part qui en aye soin. Il y a cinq manieres de conduire le bagage, car il faut qu'il deuance l'armée, ou qu'il la suiue, ou qu'il la costoye d'vne part ou de l'autre, ou que pour la cinquiesme il soit enfermé dans les troupes. Auant les troupes quand on se iette dans le pays ennemy. A costé quand on marche en crainte des flancs. Dans les Troupes quand on marche en Bataille creuse.

Qu'il

Qu'il faut commander en termes intelligibles, se donnant garde des paroles à double entente.

CHAP. XLIX.

L me reste à mettre par escrit les commande=
mens des montres & exercices, apres auoir
sommairement aduerty. Premierement, qu'il
faut commander en peu de paroles. Seconde=
ment, que les commandemens ne soient à deux
ententes, car ceux qui obeïssent promptement se doiuent
donner garde des doubles ententes, crainte que les vns facent
vne chose, & les autres vne autre, comme si ie dis Quart de
Tour, possible que partie de ceux qui m'entendront feront
quart de tour à droit, les autres à gauche, & cela apportera vn
grand desordre. Puis donc que dire quart de tour tient lieu de
genre, si ie veux commander à droit ou à gauche, en lieu de
dire quart de tour à droit, il faudra dire à droit quart de
tour, c'est à dire, mettre l'espece la premiere & le genre apres,
& par ce moyen tous ensemble feront vne mesme chose. Pareillement aux demy-tours & Euolutions, car telles paroles
tiennent lieu de genre, nous nommerons les especes les premieres, comme à droit demy-tour, ou à gauche demy-tour.
Et partant nous commanderons ainsi, en arriere faictes l'E-
uolution, qui est la Laconique : En auant faites l'Euolution
qui est la Macedonique. Faictes la Contremarche qui est la
Cretoise. Car si vous dites, Faictes l'Euolution en arriere, ou
Faictes l'Euolution en auant, il arriuera que mettant le mot
d'Euolution le premier, les vns feront vne sorte d'Euolution
les autres vne autre. Pour ces raisons il faut se donner garde
des doubles ententes, & mettre les noms des especes auant
ceux des genres.

Qu'il faut escouter les commandemens auec vn grand silence,
& le recueil de ceux qui plus ordinairement sont en
vsage aux exercices.

CHAP. L.

OR il faut sur tout enjoindre le silence, & de prester l'oreil-
le aux commandemens, ce qu'Homere a principale-
ment remarqué, comme quand il dit,

Les Bataillons Gregeois en ordre se mettoient,
Et soubs leurs Colonels au combat s'apprestoient.
Les soldats estoient coys, & n'auriez la croyance
Que tant de peuple peut garder si beau silence.

Au contraire il compare le tintamarre d'vne armée Ba-
baresques aux oyseaux quand il dit,

Ainsi que les troupeaux de Gruës ou d'Oysons,
Ou Cygnes à long col que l'on veoit és saisons,
Dans l'Asien marais de Cayst̄re au riuage
Volleter s'esgayans en leur viste plumage,
Puis descendre à grands cris, le marais en bruit,
Les Troyens dans leur Ost ne faisoient moins de bruit
N'ayants tous vn Iargon ny vn mesme langage.

Et autre part,
Ayant auec leurs Chefs chacun leurs places pris,
Les Troyens comme oyseaux s'auançoient à grands cris,
Les Grecs sans faire bruit marchoient pleins de furie,
Ayant de s'entr'ayder l'vn l'autre bonne enuie.

Aux armes.
Armes en main.
Bagage hors des Bataillons.
Prenés garde aux commandemens.
Passe parole.
Repasse parole.
Prenés vos distances.
Hault les Piques.
Dressés vos files.
Dressés vos rancs.
Prenés garde à vos Chefs de file.
Serrefiles dressés vos files.

Gardés vos premieres diftances.
A droit quart de tour.
Aduancés, ou Approchés.
Demeurés.
Remettés vous.
A gauche quart de tour.
Aduancés.
Demeurés.
A droit demy-tour.
Aduancés.
Demeurés.
Remettés vous.
Doublés les files.
Remettés vous.
En arriere faiﬆes l'Euolution. *Qui eﬆ la Macedonique.*
Remettés vous.
En auant faiﬆes l'Euolution. *Qui eﬆ la Laconique*
Remettés vous,
Faiﬆes la Contremarche. *Qui eﬆ la Cretoiſe.*
Remettés vous.
A droit faiﬆes la Conuerſion.
Remettés vous.
A droit faiﬆes la Diuerſion.
Remettés vous.

    Voila, ce que i'auois à diſcourir, SIRE, ſur les Reigles
& enſeignemens de la Sergenterie, qui donneront la victoire à ceux qui les mettront en pratique, & la ruyne à leurs
ennemis.

La Milice des Romains.
EXTRAITE
Du sixiesme liure de l'Histoire de Polybe.

APRES auoir nommé les Consuls ou Generaux d'armée, ils choisissent des Maistres de Camp, sçauoir quatorze d'entre ceux lesquels ont des-ja seruy cinq ans, & les dix autres d'entre ceux qui ont seruy dix ans à la guerre. Car tous les Bourgeois Romains sont tenus (horsmis ceux qui ont vaillant moins de quatre cent drachmes, & sont reserués pour l'vsage de la marine) de porter les armes auant l'aage de quarante six ans, les Cheualiers dix ans, & les Pietons quinze : & si quelquesfois la necessité des affaires le requiert les pietons doiuent vingt années de seruice: & n'est loisible à personne d'auoir charge dans la ville qu'il n'ait acheué dix années de solde.

Creation des Maistres de Camp.

Or quand ils sont prests de faire l'enrollement des Soldats, les Generaux d'armée font publier le iour auquel deburont se trouuer tous les Romains qui sont en aage de porter armes & font cela tous les ans. Le iour venu tous ceux qui sont en aage militaire s'estant rendus dans Rome & assemblés au Capitole, les plus ieunes Maistre de Camp se diuisent selon l'ordre qu'ils ont esté nommés par le peuple ou par les Generaux d'armée ; en quatre cantons d'autant que l'ordinaire & premier partage des troupes Romaines se fait en quatre legions, les quatre premiers nommés sont distribués à la legion nommée premiere, les trois d'apres à la seconde , les quatre d'apres à la troisiesme, les trois derniers à la quatriesme, pareillement des vieux Maistres de Camp les deux premiers sont departis à la premiere legion les trois d'apres à la seconde, les deux d'apres à la troisiesme, les trois derniers à la quatriesme.

Distribution des Maistres de camp à chaque legion.

A a

Or les Maiſtres de camp eſtant departis & eſtablis en telle forte que toutes les legions en ont l'vne autant que l'autre, ceux de chacune legions ſ'eſtant retirez & aſſis à part ils tirent au ſort les quartiers de la ville vn à vn & appellent à meſure celuy ſur qui le ſort eſt eſcheu : duquel ils choiſiſſent à l'equité quatre ieunes hómes de meſme aage & de corpulence égale, leſquels eſtant mis en auant ceux de la premiere legion ontle premier choix de l'vn deux, ceux de la ſeconde le ſecond, ceux de la troiſieſme le troiſieſme, & ceux de la quatrieſme le dernier.

Choix des ſoldats pour partager aux legions.

Les quatre d'apres ſ'eſtant aduancés ceux de la ſeconde legion prenent le premier au choix, & ainſi de ſuitte tant que ceux de la premiere prenent les derniers. Car ſ'eſtant encor auancez quatre autres, ceux de la troiſieſme legion prenent les premiers, & ceux de la deuxieſme les derniers, & par ce moyen chacune ayant le choix à ſon tour, il ſ'enſuit que toutes les legions ſe trouuent compoſees d'hommes également bons.

Apres auoir choiſy leurs gens iuſques au nombre ordonné, qui eſt en chacune legion quatre mil deux cent pietons, quelquesfois cinq mil, quand il preuoyent quelque danger extraordinaire, ils enroollent les Cheualiers. C'eſtoit l'ancienne couſtume d'en faire recherche apres auoir arreſté le roolle de l'infanterie au nombre de quatre mil deux cent : mais maintenant ils les enroollent les premiers, le choix en ayant eſté faiƈt au prealable par les Cenſeurs ſelon l'eualüation de leur bien, & en donnent trois cent à chacune legion. Le roolle eſtant clos en la façon ſuſditte, les Maiſtres de Camp auſquels appartient, aſſemblent tous ceux qui ont eſté retenus chaque legion à part, & prenant vn d'entre eux le mieux aduenant, ils luy font preſter ſerment d'obeïr à ſes Chefs & faire au poſſible ce qui luy ſera commandé par les ſuperieurs : tous les autres font ſerment vn à vn en ſ'auanceant & diſant qu'ils feront tout ce que le premier à promis.

Enroollement de la Caualerie.

Le ſerment militaire.

Ce pendant les Generaux d'armée enuoyent leurs mandemens aux Gouuerneurs des villes confederées de l'Italie, d'où ils veulent tirer gens de guerre declarans le nombre d'hommes, le iour & le lieu auquel faudra que ſe repreſentent ceux qui auront eſté enroollés : Les villes ayant fait leur leuée en

Leuées par les villes cöfederées.

pareille maniere que la fufdite, & receu le ferment, enuoyent leurs gens foubs la conduitte d'vn Colonel & d'vn Threforier General des guerres.

Or les Maiftres de camp à Rome, ayant pris le ferment & aduerty chaque legion du iour & du lieu auquel il faudra fe trouuer fans armes les licentient pour lors, f'eftant trouuez au iour affigné ils choififfent les plus pauures & plus ieunes de leurs hommes pour Enfans perdus. Ceux d'apres pour Ha-ftaires: ceux qui font en la force de l'aage robufte pour Prin-ces, les plus aagés pour Triaires. *Quatre fortes de Gens de Pied.*

Telles & en tel nombre font pardeuers les Romains les differences des noms, des aages & des fortes d'armes en cha-que legion. Ils les diuifent en telle façon que les plus aagez nommés Triaires font fix cent, les Princes douze cent, autant les Haftaires, le refte & les plus ieunes Velites, que f'il y a plus de quatre mil hommes en vne legion ils font le partage en mefmé proportion horfmis les Triaires qui font toufiours fix cent. *Nombre d'iceux en chacune le-gion.*

Ils enioignent aux plus ieunes de fe pourueoir d'vne efpée, de traicts & d'vne targe. La targe eft d'vn ouurage fort & eft de grandeur fuffifante pour tenir vn homme clos & couuert: car eftant ronde elle a trois pieds de Diametre, les enfans perdus font de plus accommodés de quelque chetif habillement de tefte tymbré de quelque hure de loup ou autre chofe femblable qui fert de deffenfe & de remarque, afin que fe compor-tant bien ou mal aux efcarmouches, ils foient aifément recog-neus des Chefs particuliers. Le traict des Velites a d'ordinai-re deux coudées de longueur de bois & vn doigt de grof-feur, la pointe de neuf poulces tirée fi menuë & fi aiguë qu'elle fe crochuë infalliblement au premier effort & ne peut le traict eftre renuoyé par l'ennemy, autrement ce feroit vne arme commune. *Armes des Enfans perdus.*

A ceux qui font plus aagés & font nommés Haftaires ils enioignent de fe pourueoir d'vn harnois complet.

Le harnois Romain eft premierement vn pauois duquel la largeur eft fuiuant la ligne courbe de fa furface cinq demy-pieds, la lógueur de quatre pieds (les plus grands ont encor vn empan de plus) compofé de deux tablettes collées enfemble auec des nerfs de bœuf battus en filace, couuert d'vn cuir de *Le pauois Romain.*

veau en dehors, & garny le long du bord par haut & par bas
d'vn parement de fer, qui le rend affeuré par en haut contre la
defcharge des coups d'efpée, & par bas pour l'appuyer contre
terre, l'on y applique auffi vne limace de fer pour fouftenir les
grands coups de pierres, de piques, & autres traicts vio-
lens.

L'efpée.　　Apres le pauois l'efpée qu'ils portent fur la cuiffe droitte,
& la nomment Efpagnole, telle efpée à la pointe excellente, &
Salade &
greue.　la defcharge des deux tranchans furieufe parce que fa lame eft
forte defchine & roide. Deux efpieux, vne falade d'airin & vne
Les ef-
pieux.　greue des Efpieux lesvns font gros les autres menus. D'entreles
plus gros & maffifs les ronds ont quatre doigt de diametre les
quarrés de cofté: Les menus reffemblent à des traicts de chaffe
de moyenne grandeur, & les portent auec les armes fufdictes,
l'vn & l'autre ont quatre pieds & demy de longueur de bois,
chacun d'eux eft ferré d'vne pointe acerée garnie de crochets
laquelle auec fes bandes eft auffi longue que le bois, la liaifon
& emmancheure de laquelle ils rendent fi ferme & fi affeurée
faifant attacher les bandes iufques au milieu du bois trauerfées
de petite broquettes ou cheuilles de fer que tel lien ne fe laf-
che ny demanche iamais en combattant que le fer ne fe rom-
pe bien qu'il foit d'vn doigt & demy d'efpais en fon fort & au
droit de la douille dans laquelle eft enté le bois, tant ils ont de
foin de le bien lier & cheuiller.

Le Penna-
che.　Par deffus tout cela ils fe parent d'vn pennache rehauffé
de trois grandes plumes rouges cramoifies ou ballottées d'v-
ne coudée de hauteur lefquelles eftant portées droites fur le
fommet de la tefte auec le refte des armes vn homme paroift
plus grand de moitié, & montre vne chere belle & efpou-
uantable aux ennemis.

Le Pla-
ftron ou　Le commun des foldats prenant de furplus vn plaftron
cotte de
maifles.　d'airin de neuf poulces en tout fens, lquel fe met deuant l'e-
ftomach & fe nomme Gardecœur ont leur harnois complet,
mais ceux qui ont vaillant au deffus de dix mil drachmes, en
lieu de plaftron veftent des cuiraffes de lames accrochées auec
Demy-pi-
ques pour　cloux à barbe: telle façon de harnois eft auffi commune aux
les Triai-
res.　Princes & aux Triaires, finon que les Triaires portent des piques en lieu d'efpieux.

　　De chacune des armes fufdictes excepté les Velites, ils
choififfent

choisisſent dix des plus vaillans pour commander les Esca-
dres, apres ces premiers ils font vne ſeconde eſlite de dix
autres, & ont tous le titre de Capitaines ou Centeniers,
mais le premier eſleu de tous à ſeance au Conſeil de guerre,
chacun d'eux ſe choiſit vn Lieutenant pour commander à la
Queuë. *Capitaines de bandes.*

En ſuite de cela ils diuiſent chacun des aages excepté
les Velites en dix Membres, à chacun deſquels ils donnent
deux Capitaines & deux Lieutenans, & leur partagent
également ce qui leur reuient de Velites par deſſus le nombre des autres ſortes d'armes : & chacun de ces membres
ſ'apelle Bande, Eſquadre, Enſeigne, & les Chefs Centeniers
& Capitaines. Ces Capitaines choiſiſſent chacun parmy ceux
qui ſont ſoubs leur charge deux des plus robuſtes & vaillans
pour Port-enſeignes. Or ils ont raiſon d'aſſigner deux Capitaines à chacune bande : car les accidens qui peuuent arriuer à vn Chef eſtant incertains, & les occaſions de la
guerre ne receuant point d'excuſe ny de remiſe, ils ne
veulent point qu'vne compagnie demeure ſans Capitaine
ny ſans commandement, & les deux eſtant preſens le premier nommé meine la main droite de l'Eſcadre, & le
deuxieſme la main gauche, l'vn des deux eſtant abſent celuy
qui demeure commande ſeul. Ils ont en recommandation
d'auoir des Capitaines pas tant fougoux & entreprenans,
que reſolus & bien aduiſez en leur conduitte, & d'vn courage altier pas tant prompts à attaquer au deſpourueu & entamer vn combat hazardeux, que determinez à tenir ferme en
leur place & y mourir pluſtoſt que reculer quelque force qui
leur vienne ſur les bras. *Enfans perdus diſtribuez par les bandes.* *Deux Capitaines & deux port-enſeignes en chaque bande.*

La Caualerie de chacune legion eſt diuiſée en dix Brigades comme l'Infanterie en dix compagnies, dans chacune deſquelles ils choiſiſſent trois Brigadiers & chacune
d'iceux ſe choiſit vn Serrefile. Le Brigadier premier des
trois commande la brigade entiere, les deux autres tiennent lieu de Dixainieres, & ſ'appellent tous Decurions,
le premier eſtant abſent, le ſecond tient ranc de Brigadier. *Brigade de Caualerie.*

Le harnois des Caualiers eſt pour le preſent ſemblable à
celuy des Grecs, mais anciennement ils n'auoient point de

Cuiraſſes ainſ combattoient en ſayons ou Caſaques, auquel Equipage ils eſtoient leſtes à mettre pied à terre & reſſauter legerement à cheual, mais en mauuais ordre pour venir aux mains nuds & deſarmés qu'ils eſtoient.

Leurs lances eſtoient inutiles & ſans effect pour deux raiſons : l'vne que les faiſant menuës & branſlantes ils ne pouuoient choiſir leur coup, & auant que d'en auoir appuyé la pointe, l'eſbranlement cauſé par la courſe du cheual les faiſoit rompre, l'autre que les faiſant ſans virole ils n'en pouuoient frapper que du premier coup de la pointe, laquelle eſtant rompuë le reſte leur eſtoit inutile : ils portoient vn eſcu ou Targe de cuir de Bœuf ſemblable aux Poupelins feuilletez que l'on met ſur les ſacrifices, deſquels il n'y auoit moyen de ſ'aider en longues entrepriſes, d'autant que n'ayant aucune ſouſtenance ſ'eſcorchant & auachiſſant au trempe des pluyes, de malaiſez qu'ils eſtoient ils deuenoient entierement inutiles. Partant en ayant reprouué l'vſage ils les quitterent pour prendre le modele des armes de la Caualerie Greque, deſquelles la lance en premier lieu eſtant ferme & ſans branſle, le coup aſſené de la pointe eſt rude & ſeur de viſée, & tout de meſme le coup de la virole donné de repriſe ferme & droit. Tout ainſi de leurs Targes ou Eſcus : Car ils demeurent fermes & bien tendus, tant à eſtre portés loin à de grands voyages & longues entrepriſes, qu'a ſouſtenir & endurer des coups : ce qu'ayant les Romains apperceu ils prirent incontinent exemple deſſus. Car ils ſont les nompareils à changer leurs couſtumes pour en prendre de meilleures.

Les Maiſtres de camp ayant acheué tels partages & commandé les ſortes d'armes renuoyent chacun chez ſoy : le iour eſtant venu auquel tous ont iuré ſ'aſſembler au lieu aſſigné par les Conſuls, (leſquels ordonnent le plus ſouuent vn rendez-vous à part pour leurs troupes qui ſont à chacun Conſul la moitié des côfederés auec deux legions Romaines) tous ceux qui ont eſté enrollez ſ'y trouuent ſans faillir, car nulle excuſe n'eſt admiſe à ceux qui ont preſté le ſerment, excepté les mauuais augures & l'impoſſible, les confederez eſtant aſſemblez auec les Romains ſont menez & commandez par les Chefs que les Conſuls eſtabliſſent ſur eux & que l'on nomme Preuosts qui sont au nombre de douze, lesquels premierement choisissent d'entre tous les confederés venus au rendez-vous, vn nombre de gens de pied & de Cheual nommés extraordinaires, c'est à dire, tirez hors des bancs ou desbandés: les troupes des alliez sont quand aux gens de pied égales aux legions Romaines pour le plus souuent, celles de Caualerie au double: Parmy lesquelles on prend enuiron le tiers pour Caualerie extraordinaire, & le quint de l'Infanterie le reste se diuise en deux, & s'appelle Corne ou aisles droite & gauche. Ces choses estant reduites en bon ordre les Maistres de camp ayant mis en vn corps d'armée les Romains & leurs confederez, les font camper, & n'y a parmy eux qu'vne seule façon de se loger en Campagne laquelle leur sert en tout temps & lieu: qui est cause que i'ay iugé estre à propos d'essayer entant qu'il est possible par discours de representer à l'imagination des Lecteurs le maniement & conduitte de leurs armees à marcher, loger & combatre. Car qui seroit l'homme tant esloigné & estrange des actions belles, & vertueuses qui ne soit content de considerer auec vn peu de peine ces choses desquelles estant vne fois instruit, il sera sçauant d'vne affaire tres-digne d'estre cogneuë & discouruë.

Caualerie & Infanterie extraordinaire.

Leur façon de camper est telle qui s'ensuit:

Dans l'enclos du lieu destiné pour loger, vne place la mieux assise pour descouurir & commander par tout se prent pour le pauillon du General, & ayant planté vne enseigne au milieu de la place prise pour c'est effect, l'on mesure vn quarré tout autour de l'enseigne, en sorte que chacun costé soit esloigné cent pieds du Drapeau, & que le côtenu soit d'vn grand arpent. Le long de l'vne des faces de ce quarré qui semble la plus commode pour l'eau & pour les fourrages, se logent les legions Romaines ainsi que ie vay dire: Ayant en chacune legion six Maistres de camp comme i'ay dit n'agueres, & estant chacun des deux Consuls accompagné de deux legions Romaines, s'ensuit que soubs chacun Consul se trouuent en l'armée douze Maistres de camp: les Tentes desquels ils dressent toute en droicte ligne parallele au costé du quarré choisy pour aduenüe, en distance de cinquante pieds, afin qu'il y ayt place pour les cheuaux, charroy & autre bagage des Maistres de Camp: Telles Tentes tournent le dos au pre-

Maniere de camper des Romains.

mier quarré du logis du General, & regardent vers la face de
dehors, laquelle ie veux vne fois pour toutes nommer l'Aduenuë du Camp, les Tentes des Maiſtres de Camp ſont également eſloignées l'vne de l'autre & en telle diſtance qu'ils
ſ'eſtendent tout le long du logis des legions Romaines.

Ayant meſuré cent pieds en auant de chacune des tentes
des Maiſtres de Camp, ils tirent ſur ceſte largeur vne ligne
parallele auſdites tentes, le long de laquelle ils commencent
à dreſſer les logemens des legions Romaines , & ſ'y gouuernent ainſi : Coupant par la moitié la ligne ſuſdite par vn autre allignement pris à angles droits ſur le point du milieu d'i-
celle ils logent les Caualiers des deux legions vis à vis l'vn de
l'autre à cinquante pieds d'eſpace entre deux vingt cinq pris
de chaque coſté de l'allignement.

La Caualerie & l'Infanterie ſe hutte de meſme façon : car
le logis entier d'vne enſeigne de gens de pied & d'vne brigade
de Caualerie eſt quarré, les vns & les autres ont veüe & iſſuë
ſur les Ruës & paſſages bord à bord deſquelles la longueur de
leur logis eſt reduite à cent pieds à quoy ils eſſayét auſſi le plus
ſouuent de reduire la largeur des quartiers horſmis ceux des
confederez. Et quand ils ſe ſeruent de legions plus groſſes ils
croiſſent la longueur, & la largeur à proportion du nombre
de leurs gens. Or le logement des Caualiers faiſant vers le milieu des Tentes des Maiſtres de Camp vne trauerſe ſur le premier allignement & grand rue de deuant leurs tentes (car en
effect les paſſages ſont faicts en forme de rues eſtant le long
d'icelles logées de part & d'autre les Bandes d'Infanterie &
Brigades de Caualerie) ils font derriere la Caualerie camper
les Triaires des deux legions vne enſeigne derriere vne Brigade en pareille longueur de Terrein , les Quartiers ſe touchant l'vn l'autre, mais les veües tournées dos à dos de celles
des Caualiers ne donnant de largeur pour enſeigne de Triaires que la moitié de la longueur, d'autant qu'ils ne ſont que la
moitié autant que les autres, & partant les nombres eſtant
ſouuent inegaux , l'on égale toutes les parties en longueur
prenant la difference ſur la profondeur ou largeur.

En apres de coſté & d'autre à cinquante pieds de diſtance ils logent les Princes vis à vis des Triaires, les Tentes deſquels eſtant tournées vers la diſtance ſuſdicte ſe font encore

deux

deux rues prenant leurs commencemens & entrées comme
celle des Caualiers à la place ou grand rue des Maiſtres de
camp, & finiſſant au coſté du retranchement vers lequel ont
veue les Maiſtres de Camp, lequel coſté nous auons des le
commencement de ce diſcours ſuppoſé eſtre l'Aduenue du
Camp. Apres les Princes & derriere eux à dos tourné ils
logent les Haſtaires faiſant ſ'entretoucher leurs Quartiers. Or
toutes les ſortes d'armes ayant dix Enſeignes ſuiuant le premier departement des Troupes il auient que toutes les rues
ſont égales en longueur & abboutiſſent en meſme droite
ligne du coſté de l'aduenue du Camp : vers laquelle ſont tournées & campées les dixieſmes & dernieres Enſeignes. A cinquante pieds loin & vis à vis des Haſtaires, ils logent la Caualerie des Confederez en commenceant à la meſme ligne
que les autres & finiſſant de meſme. Les troupes des confederez ſont comme i'ay dit auparauant quant à l'Infanterie égales aux legions Romaines comptant les Pietons Extraordinaires, la Caualerie eſt au double, le tiers de laquelle ſe leue pour
Caualiers Extraordinaires. Partant augmentant la profondeur de leurs logis à proportion lors qu'ils leur donnent
quartier dans le Camp, ils font ſi bien qu'ils les rendent égaux
en longueur au logement des Romains.

Les cinq rues eſtant ainſi formées ils logent les Enſeignes
d'Infanterie des Confederez dos à dos des Caualiers augmentant la largeur de leur terrein à proportion, & tournant la veue
vers le retranchement qui couure les flancs du camp.

En chaque Enſeigne les Capitaines prennent les premieres tentes de part & d'autre, & ſe logeant comme i'ay dict
ils font vne ſeparation de cinquante pieds entre la cinquieſme & ſixieſme brigade de Caualiers, & cinquieſme & ſixieſme enſeigne de gens de pied ; de ſorte qu'il ſe fait encor vne
autre allée par le milieu des legiõs, laquelle trauerſe ſur les premieres ruës, & eſt parallele aux tentes des Maiſtres de Camp,
& ſ'appelle Quintaine parce qu'elle va le long des cinquieſme
bandes. Or la place qui reſte derriere les tentes des Maiſtres de
Camp & ſ'eſtend de part & d'autre du Palais du General, eſt
deſtinée d'vn coſté pour le marché ou place aux viures, l'autre
pour le Threſorier des Guerres & tout ſon Attirail aux deux
bouts de ces places commenceant de coſté & d'autre aux

C c

dernieres tentes des Maiſtres de Camp, par le dos d'icelles les Caualiers d'eſlite d'entre les extraordinaires prennent leur logis à l'Eſquier, auec quelques volontaires qui ſuiuent le Camp en faueur du General d'armée. Telles gens campent le long des flancs du retranchement, ayant veüe ceux d'vn coſté ſur l'Attirail de la Treſorerie, ceux de l'autre ſur le marché : & l'ordinaire eſt que non ſeulemét ils cãpent pres des Generaux, mais auſſi qu'en marchant & en toutes occaſions, leur charge eſt d'auoir ſoin du General, & du Threſorier & ſe tenir pres de leurs perſonnes, à dos des Caualiers d'Eſlite la veüe tournée vers le retranchement ; campent les Gens de pied d'eſlite qui rendent pareil deuoir & aſſiſtance au General. Apres eux on laiſſe vn paſſage de cent pieds de large parallele aux tentes des Maiſtres de Camp, & ſ'eſtendant le long du marché, du logis du General & de la Threſorerie, d'vn bout à autre du retranchement le long du coſté d'enhaut, campent les Caualiers extraordinaires des Confederés ayant veüe ſur le Marché ſur le Pauillon du General & de la Threſorerie. Au milieu du logis de telle Caualerie au droit de l'enclos du Palais, on laiſſe vn paſſage de cinquante pieds qui va rendre au derriere du camp, aſſis & tiré à angles droits ſur la place ſuſdicte : Au logis de ces Cheualiers eſt adoſſée l'Infanterie extraordinaire des Confederés ayant veue ſur la tranchée, & ſur le derriere de tout Camp. De part & d'autre de ces derniers logemens ce qui demeure vuide le long des flancs de l'oſt, ſe donne aux eſtrangers & autres ſecours ſuruenans par occaſion.

　　Ces choſes ainſi ordonnées, la figure de leur logement entier eſt vn quarré égal en tout ſens, mais en particulier les rues ſont coupées & la place meſnagée à la façon d'vne ville. Le Rampart eſt eſloigné de leur tentes deux cent pieds de touts coſtés, & c'eſt eſpace vuide, leur ſert en pluſieurs bonnes manieres. Car pour faire entrer ou ſortir les legions en bataille, c'eſt eſpace ſert de place d'armes commode & bienſeant par ce que les troupes ont leurs iſſuës chacune par ſes ruës pour ſ'y aſſembler, ſans ſe renuerſer & fouler l'vn l'autre ſ'il falloit tous ſe rencontrer en vn meſme paſſage, & le beſtail amené pour la nourriture du champ y entre en ſeureté & eſt gardé la nuict, comme auſſi tout butin conquis ſur l'ennemy, & qui eſt l'importance lors qu'ils ſont aſſaillis de nuict ny le feu, ny aucun

autre traict ne porte iufques à leurs tentes finon bien peu &
encor ne peuuent nuire tant à caufe de l'efloignement que du
couuert des tentes.

Or le nombre de l'Infanterie & Caualerie eftant cogneu
d'vne façon ou d'autre foit que chacune legion côtienne quatre mil hommes, foit cinq mil, & femblablement les limites
de la longueur & largeur eftant données, les interuales &
diftances des ruës & places & en fomme le tout eftant donné,
il f'enfuit qu'il eft aifé à qui veut y prendre garde, comprendre
la grandeur de l'enclos & circuit de tout le Camp.

Que fi quelquesfois le nombre des Confederés f'accroift *Logement*
ou des le cômancement qu'on met l'armee fur pied ou par les *pour les*
furuenans: De ceux qui furuiennent par occafion ils rêplissent *furuenans.*
les places d'alentour le Pauillon du General outre ce que tiennent defia les troupes d'Eflite & les Reformés, reftreciffant le
Marché & la Threforerie en fi peu de lieu que faire ce peut:
Pour loger ceux qui ont fuiuy l'armée des le commencement
fi le nombre eft notable ils tirent vne ruë de plus de part &
d'autre des legions Romaines le long dés Coftés du Camp.
Or les quatre legions Romaines auec les deux Generaux
eftant campées enfemble dans vn mefme retranchement, il
ne faut f'imaginer autre chofe que deux armées logées comme dict a efté & tournées deçà & delà eftre ioinctes & fe tou-
cher l'vne l'autre par les quartiers des troupes extraordinaires
des deux Camps, lefquelles troupes nous auôs fait auoir veue
fur le derriere ou Iffue de tout le camp, & alors la figure eft
belongue, l'enclos double au premier, le circuit d'vne fois &
demy. Quand donc les deux Confuls logent enfemble, ils
difpofent toufiours les quartiers en cefte forte : Mais lors
qu'en l'abfence de l'vn, l'autre commande toutes les quatre legions, ils font l'Affiete du Marché, de Threforerie & du logis du General iuftement au milieu des deux ofts fans changer
rien du refte.

Les quartiers eftant donnez & l'armée logée, les Maiftres
de Camp f'affemblent pour prendre le ferment de tous ceux
du camp, Maiftres & Valets, & font iurer tous vn à vn, le
ferment eft, Ne rien defrober du Camp, mefme au cas que
l'on trouuaft quelque chofe égarée, la rapporter pardeuers les
Maiftres de Camp.

Cela faict ils ordonnent de chacune legion deux Enfeignes, l'vne de Princes l'autre d'Haftaires pour auoir foin de la grande rue des Maiftres de Camp: Car quand les Romains feiournent en vn camp leur Conuerfation ordinaire eft en cefte place, à raifon dequoy ils font fort Curieux de la tenir nette & de l'arroufer pour abbattre la poufliere. Des dix-huict Enfeignes qui reftent chacun Maiftre de Camp en tire trois au fort (car fuyuant le partage que les Romains font de leurs troupes, il y a vingt Enfeignes de Princes & d'Haftaires en vne legion & fix Maiftres de Camp:) De ces trois Enfeignes chacune à fon tour rend au Maiftre de Camp le feruice que ie vay dire, c'eft que les quartiers eftant donnés ils dreffent fa tente & efplanent le dedans & l'enuiron d'icelle, & f'il faut remparer quelque chofe pour la feureté de fon bagage le foin leur en appartient: Ils luy donnent auffi deux Guets (vn Guet eft compofé de quatre hommes)l'vn defquels fait garde à l'entrée de la tente, l'autre derriere aux Efcuries. Par ainfi chaque Maiftre de Camp ayant trois Enfeignes chacune defquelles eft compofée de plus de cent hommes: (car ie ne compte point les Triaires ny enfans perdus, d'autant qu'il font exempts de ces fatigues) ce guet donne peu de peine, parce que le tour n'en reuient qu'au quatriefme iour, & fournit aux maiftres de camp tout ce qui eft de neceffaire pour leur commodité & de bienfeant pour marque de leur grandeur & autorité. Les Enfeignes des Triaires font exemptes de rendre ce feruice aux Maiftres de Camp, mais en recompence ils font fubiects de donner de iour vn guet aux brigades de Caualerie, chaque Enfeigne à celle derriere laquelle elle eft logée. Ce guet eft deftiné pour foigner aux Cheuaux, afin de prendre garde qu'ils ne f'empeftrent dans leurs liens, & ne f'eftropient & mettent hors de feruice, ou que f'eftant efchapés & venant à rencontrer d'autres cheuaux ils ne facent de la rumeur & defordre dans le Camp, outre cela par chacun iour vne Enfeigne d'entre toutes fait garde iour & nuit au logis du General afin de le rendre affuré contre les trahifons & Attentats, & d'embellir par cefte apparence exterieure les marques de fa fouueraineté.

Le trauail des Retranchemens.

Du trauail du Retranchement & foffé, deux pands en appartiennent à faire aux Confederez le long defquels leurs

aifles

aifles droite & gauche font logées, les deux autres aux Romains vn à chacune legion. Le trauail du foſſé eſtant departy par Enſeignes, les Centeniers preſents prennent chacun le ſoin de faire trauailler leurs gens, & deux Maiſtres de Camp de viſiter l'ouurage d'vn coſté entier, comme ils ont auſſi égard ſur tout le reſte de ce qui concerne vne legion, car ſe couplant deux à deux, ils commandent à leur tour deux mois des ſix que l'armée tient les champs & chacun durant ſon temps commande abſolument en toutes occaſions qui ſe preſente en Campagne. Le commandement des Preuoſts des Alliez ſe gouuerne tout de meſme.

Tous les Caualiers & Céteniers ſe rédent des le point du iour aux tentes des Maiſtres de Cãp, & les Maiſtres de Camp chez le General, le General dóne les cómandemens aux Maiſtres de Camp ſelon l'exigéce des affaires, eux aux Caualiers & Centeniers, les Centeniers, le font ſçauoir aux ſoldats en téps & lieu. Ils aſſurent le paſſage & diſtribution du mot du guet par toute l'armée en la ſaçó qui ſ'enſuit. En chaque ſorte d'armes tant Caualerie qu'Infanterie, les dixieſmes Enſeignes ſont logées tout au bout du camp faiſant le coing d'enbas des rues tirées ſeló la longueur deſlogeméts; De chacune d'icelles on choiſit vn hóme que l'on exépte des factions ordinaires, mais eſt tenu de ſe trouuer tous les iours à Soleil couchant en la tente du Maiſtre de Camp, duquel ayant receu le mot (ce mot eſt vne tablette de bois marquée de certaines lettres) il ſ'en reua, & retourné qu'il eſt ſoubs ſon Enſeigne donne le mot & met en preſence de teſmoins la tablette entre les mains de celuy qui cómande la neuſieſme Enſeigne : celuy la le donne au Capitaine de la huictieſme & tous de meſme tant que le mot ſoit paſſé iuſques aux premieres bandes campées proches des Maiſtres de Camp, chez leſquels faut qu'auant la nuict ſoient raportées toutes les Tablettes, de ſorte que toutes eſtãt retournées on ſçait aſſurement que le mot a eſté donné par tout & a repaſſé iuſques aux Chef : Que ſ'il ſe trouue faute de quelque tablette, l'on en faict enqueſte ſur l'heure & ſe recognoiſt par l'inſcription, de qu'elle part la tablette n'a point eſté renduë, & celuy qui a cauſé l'empeſchement eſt puny ſelon ſon demerite.

Les Gardes de nuict ſont ainſi par eux adminiſtrées, vne Enſeigne veille par chacune nuict pour garder le General &

ſa Tente. Les Tentes des Maiſtres de camp & des troupes de
Caualerie ſont gardées par ceux qui ont eſté commandés de
chaque enſeigne comme nous auons dit cy deuant. Semblablement aupres de chaque Enſeigne on poſe vn guet de ceux
de la troupe; les autres ſe font par ordonnance du General.
D'ordinaire il y a trois guets à l'entour du Treſorier & deux
chez les Lieutenans & Aydes du General.

　　Le Dehors eſt gardé par les Enfans perdus qui ont tout le
tour des foſſés à garder par iournées, (car ceſte faction leur eſt
ordonnée) & font garde par dixaines aux entrées & portes du
camp. Mais d'entre ceux qui ſont ordonnez pour eſtre en ſen-
tinelle, celuy qui doit eſtre en chaque guet poſé le premier eſt
mené de ſoir par vn des Lieutenans de ſa bande chez le Maiſtre
de camp lequel leur donne à tous pour chacune poſe des tablettes de bois manuées de quelque petit chiffre ou Caracte-
re, leſquelles receüe ils ſe retirent aux lieux deſtinez à garder.
Quand au ſoin & fidelité des rondes on ſ'en repoſe ſur les Ca-
Les Rondes ualiers. Car il faut que le premier Brigadier de Caualerie de
chaque legion commande vn iour auparauant à vn des ſerrefiles de ſa brigade qu'il aduertiſſe deuant diſner quatre hommes de ſa troupe de ſe tenir preſts pour faire la ronde. En
apres il faut que des le meſme ſoir il face ſçauoir au Brigadier
de la ſeconde, que c'eſt à luy de ſoigner aux rondes du lendemain, lequel eſtant aduerty donne pareil ordre aux ſiens
pour le iour d'apres & ainſi de ſuite. Les quatre de la premiere troupe de Caualerie qui ont eſté choiſis par le ſerrefile ayant
tiré au ſort, la quantieſme des quatre poſes ils auront à viſiter,
vont trouuer le Maiſtre de Camp duquel ils reçoiuent commandement par eſcrit, en quel ordre & par quelles ſentinelles
il faudra que paſſent les rondes. Cela fait ces quatre veillent
la nuit pres de la premiere Enſeigne des Triaires parce que le
Centenier d'icelles à charge de faire ſonner la trompette pour
releuer les ſentinelles. Le temps venu, celuy auquel le premier ſort eſt eſcheu faict ronde par les premieres ſentinelles,
accompagné de quelques ſiens amis pour eſtre teſmoins de
ce qui ſe paſſera, il viſite les lieux ordonnés non ſeulement au
dehors & à l'entour du foſſé & aux entrées, mais auſſi les
gardes de chaque enſeigne & brigade de Caualerie, que ſ'il
trouue les ſentinelles de la premiere poſe eſueillées & en leur

deuoir, il reçoit d'eux la tablette, s'il trouue quelqu'vn endor-
my, ou qui ait abandonné sa poste il en prend à tesmoin ceux
d'aupres de luy & passe outre : Ceux qui visitent les autres sentinelles en font de mesme. Or afin que les rondes s'accordent
auec les heures de poser les sentinelles, les Centeniers des premieres enseignes de Triaires de l'vne & l'autre legion ont soin
chacun sa iournée de faire distinguer les veilles au son de la
trompette. Chacun de ceux qui ont fait les rondes rapporte
le mot vers le Maistre de Camp des le point du iour, s'ils rendent toutes les tablettes ils s'en retournent francs & quittes,
s'ils en rapportent moins qu'il ny auoit de guets à visiter, on
recognoist à la marque lequel des guets a manqué, ce qu'e-
stant venu à cognoissance le Centenier est mandé ; lequel represente ceux qui auoient esté commandez pour le guet lesquels on confronte auec les rondes, si la faute vient de la sen-
tinelle la ronde met en auant ses tesmoins pour verifier ce qui
en est, car il est obligé de ce faire, sinon la faute retombe sur
luy. Le Conseil se tient sur le champ auquel preside le Maistre de camp & le condamné est frappé du baston : Estre frappé du baston, est ce que ie vay dire : le Maistre de Camp prenant vn baston, en touche seulement celuy qui est condamné, & à l'instant tous ceux du Camp, à coups de bastons &
& de pierre se ruent dessus & le plus souuent le tuent sur la
place, ceux qui en eschapent n'en sont pourtant pas quitte,
car il ne leur est pas permis de retourner chez eux, ny pas vn
de leurs parens n'oseroit le receuoir en sa maison, partant ceux
qui tombent en ce malheur se perdent tout à fait. Le serrefile
& Brigadier de Caualerie est puny de mesme s'il n'aduertit à
temps l'vn ses rondes l'autre le Brigadier d'apres, de ce qui luy
appartient de faire qui est cause que le chastiment estant si ri-
goureux & irremissible les guets de nuict sont parmy eux tres-
asseurez & infallibles. Les soldats reçoiuent tous les commandemens de la bouche des Maistres de Camp, les Maistres de
Camp du General : le Maistre de Camp à plein pouuoir de
chastier par emprisonnement & par le fouet, les Preuosts des
Alliez de mesme. Les larrons de camp sont frappés du baston,
les faux tesmoins, & ceux qui ont abusé de quelque ieune
garçon, & generalement tous ceux qui ont esté punis trois
fois pour mesme delit, tels cas sont punissables en qualité de

Punition
des crimes
& delits
Militaires

D d ij

crimes : Mais il attribue à lascheté & perte d'honneur parmy
soldats ces reproches. Si quelqu'vn se vante à faux deuant le
Maistre de Camp d'auoir commis vn acte de valeur afin d'en
receuoir l'honneur. Pareillement si quelques vns posez en garde laissent par crainte la poste qui leur a esté ordonnée, tout de
mesme si quelqu'vn iette ses armes de peur pendāt le combat.
Delà vient que plusieurs se perdent de propos deliberé quand
les ennemis fondant à grand nombre sur leurs bras lors qu'ils
sont en garde quelque part, ils defendent opiniastrement leur
place peur du chastiment. Quelques-vns ayant en combattant perdu leur pauois ou leurs espée ou quelque autre arme
par hasart, ils se iettent à coups perdu à trauers les ennemis
en esperance de recouurer ce qu'ils ont perdu, ou, se faisant
donner force coups euiter vne vergogne manifeste & mo-
querie de leurs compagnons. Que si quelqu esfois plusieurs
ensemble tombent en faute & que quelques Enseignes entieres ayent par l'effort des ennemis quitté leurs places, ils font
conscience de les tuer ou frapper tous du baston, mais ils de-
meslent tels affaires par vn expedient vtile & espouuantable
tout ensemble. C'est que le Maistre de Camp ayant assemblé
toute la legion met en auant les fuyars & les accuse aigrement
& en fin tire au sort d'entre tous ceux qui ont commis lascheté
quelquesfois cinq, tantost huict, autresfois vingt, prenant en
somme égard au nombre de ceux qui ont failly, en telle sorte que la dixiesme partie en patisse, & frappe du baston en la
maniere susdite sans remission ceux de qui le sort est escheu,
aux autres leur ayant baillé de l'orge en lieu de froment d'A-
munition, il leur commande de faire leurs huttes hors des
tranchées, & hors de lieu d'assurance. Du reste le peril & la
crainte de l'euenement du sort pendant également sur tous,
entant que le hasart est incertain, & l'exemple de la nourriture de pain d'orge estant exercé sur tous, telles coustumes sont
pour estonner & remedier aux fautes entant qu'il est possible.

Recom-
penses des
actes deua-
leur &
prouesses.

Ils encouragent la ieunesse à bien combatre par vne gentile
inuention, car quand en quelque occasion vn soldat faict vne
prouesse, le General faict assembler l'armée, & ayant mis en
auant ceux qui ont faict acte signalé, Premierement il dit quelque loüange de chacun à part faisant recit de sa valeur & de

tout

tout ce qui eſt en luy digne d'en faire honorable mention. En
apres à celuy qui a bleſſé vn ennemy il donne vne Iaueline ; A
celuy qui en a porté vn par terre & deſpouillé ſ'il eſt homme
de pied vn Gobelet, au Caualier vn enharnachement de Cheual, bien que le temps iadis on ne donnaſt qu'vn traict. Telles
recompenſes ſe donnent à ceux qui, non pas en vn combat rangé ou priſe de ville, bleſſent ou deſpouillent quelques ennemis, mais qui aux eſcarmouches ou pareilles occaſions auſquelles il n'y a point d'obligation d'haſarder ſa
perſonne, ils ſ'aduenturent de leur plein gré & de propos
deliberé.

A celuy qui a monté le premier ſur la muraille d'vne ville
priſe d'aſſaut, eſt donnée vne Couronne d'or. Pareillement
ceux qui de leur Pauois ont couuert & ſauué la vie à quelqu'vn des Citoyens ou Alliez, ſont par le General honorez
de quelques preſens, & les Maiſtres de Camp font couronner
le Preſeruateur par celuy qui a eſté ſauué du peril, ce qui ſe fait
de gré à gré ou par iugement donné ſ'il en fait refus: Celuy
qui a eſté ſauué honore l'autre toute ſa vie comme ſon pere, &
faut qu'il luy rende autant de deuoirs qu'à celuy qui l'auroit
mis au monde. Par tels aiguillons ils encouragent à combatre
auec emulation & ialouſie non ſeulement ceux qui ſont preſents & voient ce qui ſe paſſe, mais meſme ceux qui gardent
la maiſon ; Car ceux qui ont receu tels preſens, outre l'honneur qu'ils reçoiuent dans le Camp, & les nouuelles qui en
courent incontinent chez eux; que y eſtant de retour ils aſſi-
ſtent aux aſſemblées & ceremonies publiques auec honneur, d'autant qu'à eux ſeuls eſt permis de porter ſur eux
& ſe faire brauer des parures dont en conſideration de
leur valeur les Generaux d'armée les ont honorez & mettent les deſpouilles en rues aux principaux endroits de la
maiſon en ſigne & teſmoignage de leur proueſſe : Tel
ſoin & diligence eſtant gardée dans leur Camp pour le
regard des recompenſes & des punitions, les iſſuës de leurs
factions de guerre ſont par ces moyens ſelon toute raiſon
heureuſes & illuſtres.

Quand à la ſolde les Pietons reçoiuent deux oboles par
iour, les Centeniers le double, les Caualiers vne drachme,
l'on donne par mois à chaque Fantaſſin pour ſa prouiſion de

La ſolde &
Amuni-
tion.

bouche , les deux tiers d'vn septiers de froment mesure d'A-
thenes. Chaque Caualier reçoit par mois sept septiers d'orge,
deux de froment. Les Pietons des Alliez font autant que les
Romains , les Caualiers ont vn septier & vn tiers de froment, & cinq d'orge, & cela est aux Alliez donné gratui-
tement. Mais aux Romains le Thresorier des guerres fournit
& tient de compte de leurs viures, armes & habillemens s'il en
ont besoin de quelqu'vn, & leur rabat sur leur solde selon la
prisée & Taux ordonné.

Le Deslo-
gement.   Ils leuent leur camp en la maniere qui s'ensuit. Au premier
son de Trompette il detendent leurs Pauillons & font leurs
paquets, & n'est permis d'abbattre ou detendre non plus que
dresser aucune tente auparauant celles des Maistres de Camp,
& du General. Au deuxiesme son ils chargent leur bagagent
sur les bestes de somme. Au troisiesme, il faut que l'auangarde marche & que tout le Camp s'esbranle. En l'auangarde
marchent pour l'ordinaire les troupes d'eslite , ausquelles
Façon de
Marcher.   talonne l'Aisle droite des Alliez , puis marche leur bagage.
Apres ce train marche la premiere legion Romaine ayant derriere soy son bagage à part, puis la seconde legion suiuie de ses
bestes de somme & du bagage des Alliés qui sont ordonés pour
l'arrieregarde. Car l'aisle gauche des Alliez marche à la Queuë
de l'Armée, la Caualerie marche tantost chacun en Queuë de
sa legion, quelquesfois le long & à costé du bagage pour le tenir serré en bon ordre & luy seruir d'escorte. Quand on se
doubte d'auoir l'ennemy en Queuë tout le reste va de mesme, horsmis que les troupes d'eslite des Alliez prennent l'Arrieregarde en lieu de l'Auangarde. De deux iours l'vn, vne des
legions & des cornes marche la premiere, & le lendemain
marche la derniere, afin que tout le monde participe également aux commodités de l'eaue non troublée, & du fourra-
ge, prenant à leur tour le ranc de l'Auangarde.

    Ils marchent d'vne autre façon en temps de danger quand
ils sont en païs large & descouuert. C'est qu'ils meinent trois
Batailles Costieres des Hastaires Princes & Triaires, & rangent les Bestes de somme des premieres Enseignes , à la teste
d'icelles : Derriere les premieres Enseignes, le bagage des secondes : Apres les secondes Enseignes le bagage des troisies-
mes, & ainsi des autres entrelassant les bagages & les Trou-

pes. Ayant ainfi ordonné le Train de leur armée & furuenant
vne alarme, ils font quart de tour vers la Rondache ou vers la
pique & aduancent leurs Enfeignes hors le bagage vers le
cofté que fe monftre l'ennemy. Du refte en vn inftant le corps
de l'Infanterie prend forme de bataille; ny ayant tout au plus
qu'à defmefler les Haftaires par vne Contremarche. Pendant
quoy les Mulets & goujeats qui fuyuent le bagage demeurant
derriere à l'abry de ceux qui font rangez en bataille font en lieu
conuenable & affuré contre le danger.

Quand ayant cheminé il eft heure de loger, le Maiftre de *Affiete du Camp.*
Camp & Centeniers deftinez à cefte charge f'aduancent en diligence, & apres auoir confideré le lieu auquel faudra camper, ils defignent premierement la place en laquelle, il faudra
dreffer le Pauillon du General en la façon preditte, & de
quelle face & cofté du Pauillon doiuent loger les legions. Cela eftant arrefté ils mefurent de part en part le Pourpris du Pauillon : Puis la ligne droite fur laquelle faudra que foient dref-
fées les tentes des Maiftres de Camp: Tiercement vne ligne vis
à vis d'icelle fur laquelle les legions commenceront à loger. Ils
prennent auffi diuers allignemens vers les autres faces du Pauillon defquels nous auons cy deuant parlé & particularizé
tout au long. Ces chofes expediées en peu d'heure, parce que
le Mefurage en eft aifé toutes les diftances eftant couftumieres
& limitées, ils plantent vne Enfeigne premierement en la place où doit eftre dreffé le Pauillon du General, la deuxiefme au
cofté choifi pour eftre l'Aduenue du camp : la troifiefme au
milieu de la ligne fur laquelle logent les Maiftres de Camp : la
quatriefme fur la ligne le long de laquelle les legions dreffent
leur huttes. Telles Enfeignes font rouges, mais celle du General eft blanche. De part & d'autre defquelles ils plantent
quelquesfois des demy piques fans banderoles, quelquesfois des Enfeignes d'autres couleurs. Cela fait ils mefurent
les ruës & plantent des demy piques en chaque ruë, par
le moyen defquelles quand les legions approchent, & le lieu
du Camp fe commence à defcouurir chacun en comprend
incontinent l'Affiete en prenant garde à l'Enfeigne du General & fe reiglant fur icelle. Du refte chacun fçachant au vray,
en qu'elle rue & en quel lieu d'icelle doit eftre fa hutte, parce
qu'on campe toufiours de mefme façon, il en arriue comme

quand vne armée de Bourgeois rentre dans sa ville : Car chacun prenant son detour des l'entrée des portes aduance qui d'vn costé qui de l'autre, & va trouuer sa maison sans faillir, parce que tous en general & en particulier sçauent en quel endroit de la ville est leur demeure, le mesme disie arriue aux campement des Romains lesquels pourchassant ceste commodité & facilité de loger semblent en ceste partie faire tout au contraire des Grecs : Car les Grecs en matiere de logement tiennent pour maxime qu'il faut s'accommoder à la force naturelle de l'Assiete des lieux, tant pour euiter le trauail des retranchemens, que parce qu'ils croient que les fortifications faictes de main, ne sont rien aux prix de la force naturelle de la situation des places, & partant en s'assubiettissant aux places, ils sont contraints de prendre toutes sortes de figures & de changer & transposer les parties de leur Camp : d'où vient que personne n'a rien d'asseuré pour son quartier ny en General ny en particulier, les Romains ayment mieux endurer le trauail des retranchemens & autres fatigues dependantes d'iceluy pour achepter la facilité du logement, & d'auoir tousiours vn camp fait de mesme sorte & recognoissable.

Voila ce qui est de principal sur la maniere de laquelle se gouuernent les Romains en leurs armees, & principalement sur le fait de leurs logemens.

Tiré du Commentaire de Hirtius
de la guerre d'Espaigne.

Æ s a r ayant marché en auant enuiron trois
mil pas loin de son camp eut nouuelle par ses
Caualiers auantcoureurs , & autres enuoyés
pour prendre langue , que les troupes enne-
mies auoyent esté recogneües assés pres delà:
& certes auec ce rapport on commença de veoir vne grande
poussiere. Cesar ayant eu cest aduis commanda de faire aduancer en diligence toute sa caualerie (le nombre de laquelle estoit pour lors fort petit) & ses Archers (desquels fort
peu estoient sortis du camp auec luy) & que les enseignes
d'Infanterie suyuissent au petit pas en ordonnance. Luy auec
petit nombre de cuirasses prit le deuant, & comme on commença à descouurir l'ennemy de loin , il commanda que ses
soldats prissent les casques sur le champ , & s'apprestassent
de combatre , le nombre desquels estoit trente cohortes en
tout : quatre cent Caualiers & les Archers. Cependant les
ennemis qui auoient pour chefs Labienus & les deux Pacides
dresserent vne extremement longue bataille, non d'Infanterie , mais de caualerie en esquadrons assemblés tout d'vn
front, & entremeslés de Numides armés legerement & d'Archers à pied, le tout serrés de telle sorte que les Cesariens iu-
geoient de loin que ce fussent gens de pied, & auoient ren-
forcé leurs cornes droite & gauche de grosses troupes de
caualerie.

Cesar de sa part dressa vne bataille simple, comme il peut,
à cause du petit nombre des siens, au deuant de laquelle il rangea ses Archers, & mit sa caualerie en la corne droite & gauche en teste de l'ennemy, auec commandement de prendre
garde, & empescher qu'ils ne fussent enuironnés par le grand
nombre de la caualerie ennemie, car il croyoit deuoir comba-

F f

tre de pied ferme & en bataille rangée auec ſes bandes d'Infanterie.

Comme l'on attendoit de part & d'autre, & que Ceſar ne
branſloit point voiant bien qu'il falloit auec le petit nombre
des ſiens combattre la grande multitude des ennemis pluſtoſt
par ruſe que par viue force, voila en vn inſtant la caualerie
ennemie qui ſ'eſtendit & ſ'eſtallant au large entoura certains
coſtaux, contraignant la caualerie de Ceſar de filer menu
pour leur faire teſte egale, encores commençoient ils de ſe
mettre en debuoir de l'enuironner. Les Caualiers Ceſariens
auoient peine à ſouſtenir vne ſi grande multitude. Cependant comme les bataillons du milieu ſ'aduançoient pour ioindre l'ennemy, ſoudain les Numides legerement armés auec
les Caualiers partoient au galop du milieu des gros eſquadrons, & lançoient leurs jauelines ſur les gens de pied legionaires. Comme les Ceſariens leur faiſoient vne charge leurs
Caualiers ſ'enfuyoient, & leurs pietons tenoient ferme tandis que les Caualiers reprenant carriere nouuelle les vinſſent
ſecourir en rechargeant.

Ceſar voyant ceſte nouuelle façon de combattre, & ſe-
ſtant apperceu que ſes eſquadres ſe mettoient en deſordre
quand ils couroient ſus à l'ennemy (car les pietons pourſuy-
uant les Caualiers loin des enſeignes eſtoient offencés par les
traicts des Numides plus proches qui leur tiroient au flanc
droit, les Caualiers euitoient l'eſpieu des legionaires à la courſe) feit publier par les rancs defenſe à tout ſoldat d'eſcarter
ſon enſeigne plus loin de quatre pieds. Cependant la Caualerie de Labienus ſe fiant en ſon grand nombre taſchoit d'enuironner le petit nombre de celle de Ceſar. Les Caualiers Ceſariens eſtant peu & laſſés par le grand nombre des ennemis,
leurs cheuaux bleſſés perdoient leur terrein pied à pied, l'ennemy les preſſoit d'auantage & de plus pres.

De ſorte qu'en vn inſtant tous les legionaires eſtant enfermés par la caualerie ennemie, & les troupes de Ceſar con-
traintes de ſe mettre en rond, ils ſe trouuerent engagés à combattre comme en eſtacade. Alors Labienus commença de ſe
monſtrer à viſage deſcouuert, & courir à cheual le long des
premiers rancs encourageant les ſiens & parlant quelquesfois
aux legionaires de Ceſar en ces termes; Comment Cadets, qui

euft penfé que vous fuffiez fi mutins ? ceftuy-cy vous a emba-
boüiné de belles parolles ; il vous a, ie iure, mis en grand ha-
zard, j'ay pitié de vous. Lors vn foldat luy dit, ie ne fuis point
cadet, Labienus, mais vieux foldat de la dixiefme legion : ie
ne voy point, dit Labienus, les enfeignes de la dixiefme legion ; Ie te feray tout maintenant paroiftre, dit le foldat, quel
ie fuis, & iette fon cafque afin d'eftre recognu de luy , & dar-
dant fon efpieu de toute fa force pour frapper Labienus, il l'en-
fonça bien auant dans la poictrine de fon cheual, & fçache,
dit-il, que ceft vn foldat de la dixiefme legion qui t'en veut.
Nonobftant les courages de tous les Cefariens eftoient fort
rabbatus, & principalement des noueaux foldats qui regar-
doient de cofté & d'autre f'ils verroient point Cefar , fans
faire autre chofe de leur part que parer & efquiuer les traicts
des ennemis .

   Cefar ayant recognu le deffein des ennemis , commanda
d'eftendre fa bataille en plus grand front qu'il feroit poffible,
faifant tourner tefte à fes bataillons l'vn apres l'autre, en forte
que de deux l'vn paffaft deuant fes enfeignes. Ainfi de fa corne droite & gauche il fendit en deux le cerne des ennemis qui
l'entouroient, & ayant feparé vne moitié d'auec l'autre, & attaqué par dedans auec fes gens de cheual fouftenus par fon Infanterie, ils les mit en fuitte à force de traicts, & fans f'aduancer plus loin, il fe retira vers les fiens crainte des aguets. L'autre moitié de la caualerie & Infanterie de Cefar fit de mefme,
& les affaires f'eftant paffées en telle forte que les ennemis furent bien battus & chaffés fort loin, il commença de faire retraite vers fa garnifon, gardant l'ordre auquel il eftoit.

   Cependant Marcus Petreius & Cneus Pifo accompagnés
de onze cent Caualiers d'eflite Numides de nation, & d'affés
bon nombre d'Infanterie de mefme race, rencontrerent tefte
à tefte ceux de leur party au fecours defquels il venoient en or-
dónance de marcher. Les ennemis f'eftant raffeurés de l'efpou-
uante, & ayant repris courage reuinrent attaquer la queüe de
nos legionaires qui fe retiroient à la faueur de leur caualerie
qui tournoit tefte à tout propos, & commencerent d'empefcher noftre retraite vers le camp. Dequoy Cefar f'eftant aper-
ceu commanda de faire tourner tefte aux enfeignes & renou-
ueller le cóbat en rafe campagne. Les ennemis combattoient

comme auparauant, & ne venoient point aux mains, les Caualiers de Cefar & leurs montures laffés du degouft de la mer,
de foif, de pantoifon de bleffures & de leur petit nombre,
eftoient deuenus plus lafches à pourfuiure l'ennemy, & à le
fouftenir, ioint qu'il leur reftoit fort peu de iour, qui fut caufe qu'il commanda à fes Bandes & aux Caualiers qui leur faifoient aifle de charger viuement l'ennemy tout à coup & fans
remife, tant qu'ils les euffent chaffés hors les collines, & les
euffent maiftrifés à bon efcient; tellement que le fignal donné il lafcha fur les ennemis (qui combattoient affez molle-
ment de leurs traicts) fes bataillons & efcadrons, & les ayant
chaffé de la campagne auec peu de peine, & renuerfé dela les
coftaux, ils rencontra de bonne fortune vn lieu commode ou
ayant vn peu repofé les fiens, ils les feit retirer doucement
ainfi qu'ils eftoient en bataille droit vers leurs retranchemens.
Auffi les ennemis mal menés f'en retournerent à leurs garni-
fons.

Ceft exploit acheué & le combat demeflé, ceux de l'ennemy qui fe vinrent rendre à nous de toute forte de gens, ou qui
furent pris prifonniers, pietons & caualiers declarerent le
deffein de ceux du party contraire auoir efté tel, qu'ils eftoient
venus à intention de mettre en defordre les foldats nouueaux
& peu de legionaires de Cefar par telle nouuelle & inufitée
maniere de combattre, afin qu'eftant eneueloppés de caualerie
ils fuffent taillés en piece cóme auoient efté ceux de Curion;
& qu'en plein confeil Labienus auoit dit qu'il nous four-
niroit tant de troupes eftrangeres à combattre, que laffez à
force de tuër, nous ferions furmontés par noftre victoire propre & terraffés par les fiens : D'autant que Cefar n'eftoit affuré
ny auoit fiance d'aucun des fiens; Premierement, parce qu'il
auoit ouy dire que les vieilles legions eftoient mutinées à Rome & ne vouloient paffer en Afrique: Luy Labienus au contraire ayant retenu trois ans fes foldats en Afrique pres de foy,
il fe les auoit rendu fideles par fa conuerfation, qu'il auoit vn
grand fecours de Numides & de Caualiers legerement armés.
Les Caualiers Germains & Gaulois qu'il auoit fait paffer auec
foy de Brindeze des reftes de la fuitte & defroute de Pompée
& autres qu'il auoit enrollés fur les lieux de gens meftifs, per-
fonnes affranchies ou efclaues qu'ils auoit armés & enfeignés
à f'ay-

à l'ayder d'vn cheual bridé. En outre le secours du Roy Iuba six vingt Elefans & innombrable caualerie. Des legions composées de gens de toutes nations & conditions de personnes montant à plus de douze mil hommes. Labienus estant allumé de telle esperance & hardiesse accompagné de seize cent Caualiers Gaulois ou Allemans, 8000. Caualiers Numides sans bride, assisté du secours qu'amena Petrejus d'onze cent cheuaux, quatre fois autant d'Infanterie & d'armes legeres, auec force Archers tireurs de fonde & Archers à cheual. Auec toutes ces troupes le huictiesme iour de Ianuier trois iours apres que Cesar eut pris terre en Afrique, le combat dura depuis la cinquiesme heure du iour iusques au coucher du soleil en des campagnes tres-vnies & tres descouuertes.

Des Bigarrures de Iules Africain.

CHAPITRE PREMIER.

'E S T vne tresbelle chose que de sçauoir de la guerre, & ie me suis plusieurs fois estonné quelle pouuoit estre la cause des euenemens diuers des faicts d'armes, & en suitte de cela pourquoy les Grecs ont tousiours esté battus par les Romains, les Perses par les Grecs, & neantmoins les Perses n'ont point encor esté vaincus par les Romains, au contraire ces nations là de la haute Asie font parade de leur liberté, & force nous est d'aller du pair auec eux. Or m'estant donné loisir d'y penser, i'ay trouué que ce n'estoit point l'auantage tiré des ruses de guerre ny la multitude de la soldatesque, car les gens de bien ne tiennent compte du grand nombre, mais les preparatifs des armes & la proprieté de leur equippage de guerre.

Car les Grecs se plaisent d'estre armés de toutes pieces, qui sont, vn bonnet & cabasset, vn deuant & derriere de cuirasse d'escailles de fer, vne rondache d'airain creuse par dedans, portée à deux ances ou prises, l'vne desquelles proche du coude ayde à choquer & pousser vertement, l'autre empoignée de la main sert au maniement: deux greues, vn iauelot à la main & vne pique à combattre de pres, pareille en longueur à celles des Caualiers Royaux, vne large espée courte. En ces armes

ils couroient rarement & peu d'eſpace, mais fort viſte, tant
qu'il eſtoit beſoin pour ſe haſter d'eſtre dans la portée du
traiƈt. Ils ſçauoient faire la Pauoiſade & combattre chacun à
part, de façon que la valeur d'vn ſoldat paroiſſoit doublement, en gros & ſeul à ſeul. Il leur eſtoit donc aiſé de ſouſtenir les Barbares en telle maniere. Ayant ſouuent fait alte en
marchant crainte que la longueur du chemin ne leur feit per-
dre haleine; ils demeuroient frais iuſques à l'heure du combat, & courant de toute leur force pour eſtre dans la portée
des traiƈts, les fleches voloient plus loin par deſſus leurs teſtes
parce qu'ils en preuenoient la cheute & l'attainte, & venoient
aux mains auec l'ennemy, lequel eſtant mal couuert d'armes
defenſiues ne pouuoit ſouſtenir la charge d'vne Infanterie ſi
bien couuerte, car la force du traiƈt eſt en la diſtance, les armes
peſantes font mieux leurs affaires au combat de main. Pour
n'eſtre point bleſſés de loin la cuiraſſe eſtoit à l'eſpreuue de
toute ſorte de traiƈts, à cauſe de la tiſſure des eſcailles portées
l'vne ſur l'autre, le bonnet ſur la teſte auec le cabaſſet qui
eſtoit vne ſeconde couuerture d'airain & double habillement
de teſte ſouſtenoit le coup au cas que les eſcailles fuſſent
froiſſées ou percées, & empeſchoit que le traiƈt ne trauer-
ſaſt la plus prochaine couuerture de la teſte; le viſage eſtoit
deſcouuert, le col libre ſans empeſchement de regarder de
part & d'autre: Auec leurs piques les vns arreſtent les Caualiers armés de lances les frappant auant qu'eſtre rencontrés:
D'autres faiſant leurs bataillons plus clairs ſe fendent & ouurent en deux pour laiſſer paſſer la caualerie Barbareſque.

Ils ſe ſeruent de pietons legerement armés & de tireurs de
fonde, les tenant hors de peril à l'abry des armes peſantes comme derriere vn mur: leurs courtes eſpées ſont bonnes à eſtre
maniées habilement & donner vn grand coup.

Les Macedoniens, nation fort penible à la guerre, change-
rent fort peu de ceſte façon à cauſe de la diuerſité des guerres
qu'ils firent; à l'occaſion deſquelles leur eſquipage fut meſlé
pour côbattre les Grecs & les Barbares. Pour marque & teſmoignage qu'à la Macedonienne les viſages des combattans
eſtoient à nud ſoubs le bonnet Lacedemonien, c'eſt la couſtume & façon de faire qui ſe nomme des ſoldats du Roy; parce qu'Alexandre vouloit que ſes ſoldats euſſent la barbe raſe,

& quelqu'vn luy reprochant qu'il retranchoit l'ornement du viſage: Ne ſçais-tu pas Caſanier, dit-il , qu'on ne ſçauroit mieux ſe ſaiſir d'vn ennemy que par la barbe? Telle façon de s'armer des Grecs ne peuſt eſtre ſouſtenuë au combat de main par aucuns Barbares eſquippés comme ils ſont.

Les Romains ont vn habillement de teſte qui leur porte ſur les eſpaules & ſerre le col ſans liberté de ſe manier, & laiſſe peu de veüe & de reſpiration aux yeux & à la face: vne cuiraſ-ſe ou jaque de mailles, vne greue, vne eſpée longue, vn pa-uois qui les couure, lequel eſtant porté de la main ſeule eſt de beaucoup moindre effect combattant en pauoiſade, le ſoldat ne pouuant appuyer tout le corps deſſus : leurs piques ſont plus courtes que les greques , ils combattent neantmoins heureuſement en ceſt eſquipage, parce qu'eſtant egalement bien couuerts d'armes offenſiues , ils ont l'auantage de les auoir plus legeres, & partant ſont plus leſtes à attaquer & fai-re retraicte, à s'emparer des lieux auantageux , prompts & adroits à donner de leurs longues eſpées dans la gorge des Grecs qui ſe ſentent frappés auant que pouuoir ioindre les Romains. Du ſurplus ils ſont exercés en tous combats de main , de ſorte que la ſcience & experience eſtant egales de part & d'autre les Romains l'emportent en legereté de har-nois. Or crainte que les coups qu'ils donneroient dans les cuiraſſes des Grecs ne facent rompre ou reboucher les fers de leurs armes d'aſt: Ils en coulent doucement les pointes ſoubs les eſcailles , le defaut deſquelles trouué ils pouſſent & per-cent: Neaumoins les Romains qui ont preſque touſiours vaincu les Grecs ont rarement eu victoire ſur ceux que les Grecs ont touſiours battu. La raiſon eſt premierement, que les Romains vont au combat en courant, & que peur de per-dre leur bagage , ils s'enferment touſiours au milieu de leurs troupes rangées en vn gros bataillon creux, & mettant vn genoüil en terre ils ſe tiennent à couuert ſoubs vn toict de leurs pauois agencés l'vn ſur l'autre en façon de thuiles; en eſ-perance d'eſpuiſer les traicts des Perſes. Telle façon de faire, bien quelle les defende & maintienne aucunement, les matte de chaleur & de trauail ſans effect, les Barbares ſe retirant & retournant à la charge apres s'eſtre repoſés par nations & re-laiés durant le combat des autres. D'auantage en faiſant ainſi

pas vn d'entre les Romains pour le grand nombre d'efcri-
meurs qu'il y a parmy eux ne faict actes de proüeffe. Les traicts
de fonde offencent la tefte le cafque eftant froiffé ; il leur eft
mal-aifé d'efquiuer vn traict par l'aifance de l'efchancreure
du gorgerin, ils dardent leurs jauelots fans vifée affurée, &
peut eftre que dix traicts ne font pas vn meurtre, & leurs piques courtes ne font pas baftantes d'arrefter les cheuaux qui
viennent à toute bride les enfoncer.

Si donc quelqu'vn donnoit au foldat Romain vne cuiraf-
fe & morion à la Grecque & vne pique de longueur, & que
chaque traict fut tiré iufte & à la mire, que chacun apprift à
combattre feul à feul, & que l'on commençaft feulement de
courir quand l'on pourroit par viftefle gaigner la portée du
traict pour venir aux mains, les Barbares ne fçauroient fuffir
contre le choq des Romains.

Du Caracol d'vn Efcadron de Caualerie dreßé à la mode des Scythes.

CHAP. LXIII.

LES Efcadrons de foixante & quatre Caualiers rangés en lozange, doiuent eftre compofés de trois
brigades de vingt & vn chacune qui font foixante
& trois Caualiers & le Capitaine pardeffus fournif-
fant l'efcadron en lozange de foixante & quatre Caualiers.
Ces brigades doiuent f'exercer & ranger en petits efcadrons
triangulaires ou pointus en cefte forte.

Soit le dernier ranc depuis le gardeflanc droit iufques au
gauche de fix Caualiers, celuy de deuant de cinq (j'entends
quand les Caualiers feront des rancs fans garder de files) le
troifiefme en auant de quatre, l'autre de trois, l'autre de deux,
& puis le brigadier feul, en forte que ceft efcadron en triangle
foit de vingt & vn cheuaux.

Les Caualiers doiuent fçauoir parfaictement l'exercice de
ces figures, afin qu'eftant en forme d'efcadron en lozange, ils
fe diuifent fi befoin eft en trois figures triangulaires : Car cela
eft bon à faire quand feignant de f'enfuyr & les ennemis pour-
fuyuant à l'abandon, le Capitaine ayant commandé, Caracol,

l'efcadron

l'escadron en lozange se fend comme i'ay dit en trois triangles, l'vn desquels à la teste duquel est le Capitaine continuë son train de fuyr : les autres deux prenant Caracol, l'vn à main droite, l'autre à gauche, chargent au dos l'ennemy qui les poursuit, & sur ce point les Caualiers du triangle qui fuyoit tournant teste sur eux & les chargeant viuement ils seront deffaits, & faut que le triangle qui prend Caracol à droit, soit de lanciers, celuy qui prend Caracol à gauche d'Archers.

Telle inuention est bonne quand on s'attend à vn secours preparé en embuscade dressée de quelques troupes de cachette.

Passage d'Alexandre sur le Granique & la victoire qu'il remporta des Lieutenans du Roy des Perses.

Du premier liure d'Arrian.

AYANT tenu ces propos, il enuoya Parmenion pour commander la corne gauche, & feit marcher de l'aisle ses troupes pour prendre la droite.

La pointe de la corne droite de l'armée fut donnée à Philotas fils de Parmenion ayant auec soy les troupes de Caualerie nommée les compagnies de la Court : les Archers, & les Agrianes dardeurs de jauelots : Amyntas fils de Arrabeus assisté des piquiers à cheual, des Paeoniens ou Hongrois, & de la troupe de Socrates auoit charge de soustenir Philotas. Apres eux estoit rangée l'Infanterie, sçauoir les gardes du Roy & de ses Courtisans, ausquels gardes commandoit Nicanor fils de Parmenion : Apres eux la Bataille de Perdiccas fils Dorrontes, puis celle de Cœnus fils de Polemocrates, puis celle de Cratenus fils d'Alexandre, puis celle de Amyntas fils d'Andromenes, puis ceux que Philippe fils d'Amyntas commandoit.

En la corne gauche la caualerie Thessalienne eust la pointe, de laquelle estoit general Calas fils d'Harpalus : Apres eux les Caualiers confederés commandés par Philippe fils de Menelaus : Apres eux les Thraciens commandés par Agathon:

En suyte d'eux l'Infanterie, la Bataille de Craterus, celle de Meleager, & celle de Philippe qui faifoit le milieu de l'ordonnance entiere.

La caualerie des Perfes montoit à vingt mil, l'Infanterie de gens foudoyés peu moins de vingt mil : Il fe rangerent eftendant leur caualerie le long de la riuiere & fur le bord d'icelle en vne longue bataille : L'Infanterie derriere la caualerie par ce que le bord eftoit releué en coftau; & du cofté qu'ils defcouurirent Alexandre eftre en perfonne (car il eftoit fort recognoiffable par l'efclat de fes armes , & l'efquipage merueilleux de ceux d'alentour de fa perfonne) pour attaquer la corne gauche de leur armée, ils renforcerent ceft endroit là du riuage d'efcadrons rangés fort dru l'vn foubs l'autre.

Les deux armées plantées fur le bord de la riuiere demeurerent quelque temps fans branfler marchandant l'euenement du combat, & fe gardoit vn grand filence de part & d'autre, car les Perfes attendoient que les Macedoniens entraffent dans le guay afin de les charger en abordant. Alexandre ayant fauté fur fon cheual de combat & exhorté les fiens de le fuyure & eftre gens de bien, feit aduancer dans la riuiere Amyntas fils d'Arrabaeus ayant auec foy les cheuaux legers Auantcoureurs & les Hongrois & cinq cent hommes de pied, & auant eux Ptolemée fils de Philippe conduifant la compagnie de Socrates à laquelle ce iour-là efcheoit à fon tour l'auantgarde de toute la caualerie. Le Roy menant la corne droite les trompettes fonnant la charge, & les foldats hauffant le cry de bataille entra dans le guay, eftendant fon ordonnance en biais felon le courant de l'eauë crainte que les Perfes ne le chargeaffent en defcendant à la file, mais afin de commencer la meflée de front & en bataille, comme le meilleur eftoit. Les Perfes de la part que Socrates & Amyntas f'approcherent du riuage combattoient d'enhaut, les vns à coups de jauelots dardés à l'auantage du bord de la riuiere; les autres defcendans en l'eau par les endroits plus bas de la riue, là où les Caualiers f'entrechoquoient rudement, les Grecs pour fortir de l'eau, les Perfes pour les empefcher de prendre terre, les Perfes dardoient force zagayes & genetes, les Macedoniens combattoient à coups de lance : Mais en cefte premiere charge les Macedoniens eftant moins en nombre eurent beaucoup à fouffrir, parce

qu'ils combattoient d'vn lieu gliſſant, plus bas, & dans l'eau;
les Perſes au contraire auoient l'auantage du lieu & de la riue,
& qui eſtoit l'importance, la fleur de la caualerie Perſienne
eſtoit rangée en ceſt endroit, ſçauoir la Court de Memnon,
& luy meſme combattoit en perſonne auec eux, & de fait les
premiers des Macedoniens qui ſe meſlerent parmy les Perſes,
ſ'y feirent tuer en gens de bien, ſils ne ſe ſauuerent en pliant
vers Alexandre qui deſia ſ'approchoit d'eux : Car il eſtoit tout
pres menant apres ſoy la corne droite de ſon armée, & donna
le premier dans les Perſes là où le gros de leur caualerie & les
Chefs de l'armée eſtoient rangés, & commença à l'entour
de luy vn rude eſtour & furieux combat à cheual, mais qui
reſſembloit mieux à vne meſlée d'Infanterie, car les hommes
& cheuaux combattoient peſle meſle embaraſſez les vns dans
les autres, les Macedoniens pour gaigner la riue & forcer les
Perſes dans la pleine, les Perſes pour empeſcher la deſcente
des Macedoniens & les renuerſer dans l'eau, & de la commencerent les gens d'Alexandre d'auoir le deſſus, tant à cauſe de
leur valeur & experience, que parce que contre des genetes
& zagayes branſlantes, ils combattoient auec de bonnes &
fortes lances de Cornouiller : neantmoins Alexandre rompit
la ſienne en combattant, qui fut cauſe qu'il en demanda vne
autre à vn de ſes Eſcuyers nommé Aretes qui auoit rompu
auſſi la ſienne, & faiſoit de grands coups auec la moitié qui
luy en eſtoit demeurée à la main, laquelle ayant monſtré à
Alexandre, il fallut en chercher vn autre, de ſorte que Diba-
ratus Baron Corinthien l'vn de ſes Courtiſans luy donna la
ſienne ; laquelle ayant priſe voyant Mithridates gendre de
Darius fort aduancé à la teſte de la caualerie ennemie, piqua
vers luy à toute bride ſuiuy d'vn eſcadron de caualerie comme
en triangle, & porta Mithridates par terre d'vn coup de lance
dans la face, cependant Roeſaces entrepriſt Alexandre & luy
donna à la paſſade vn grand coup de coutelas ſur la teſte, qui
luy fauſſa le caſque ſans toutesfois rompre l'os du crane, mais
Alexandre l'abbatiſt d'vn coup de lance qu'il luy donna à trauers de ſa cuiraſſe dans l'eſtomach, & à l'inſtant Spithridates
ayant hauſſé le cimeterre pour frapper Alexandre par derriere, Cleitus fils de Dropidas le prima d'vn grand coup de coutelas ſur l'eſpaule, & luy aualla le bras ; & cependant le reſte de

H h ij

la caualerie paſſant la riuiere chacun en ſon ordre ſe ioigni-
rent au gros d'Alexandre, & lors les Perſes battus de toutes
parts eux & leurs cheuaux de coups de lance dans la teſte, cho-
quez rudement par les eſcadrons Macedoniens & fort en-
dommagés par les pietons de traict meſlés parmy la caualerie
commencerent à plier par l'endroit ou combattoit Alexandre
en perſonne, & ſi toſt que le milieu euſt eſté enfoncé, & deſ-
taché d'auec ceux qui eſtoient rangez de part & d'autre, ils
commencerent de fuyr à bon eſcient. Il y mourut enuiron
mil Caualiers Perſans, car la chaſſe ne fut pas longuement
donnée, parce qu'Alexandre tourna teſte vers l'Infanterie
eſtrangere, ſoudoyée par les Perſes, le gros deſquels faiſoit
ferme en ſa place pluſtoſt par eſtonnement de ce qui eſtoit
arriué contre leur eſperance que par bon conſeil, leſquels
ayant attaqué de front auec ſa Falange & enfermé au milieu
de ſa caualerie, ils furent tous taillez en piece fors quelques-
vns qui eſchapperent cachés parmy les morts, & 2000. qui furent pris à mercy.

Bataille d'Iſſe gaignée par Alexandre contre Darius Roy des Perſes.

Du ſecond liure d'Arrian.

A LEXANDRE ne commanda pour l'heu-
re autre choſe que de prendre le repas du ſoir,
& enuoya quelque petit nombre de Caualiers &
d'Archers pour ſeruir d'auantcoureurs, & pour
battre le chemin par où il eſtoit venu, qui reme-
noit au deſtroit, & ayant deſlogé à la brune ſ'achemina pour
ſe ſaiſir de rechef du deſtroit: Du paſſage duquel ſ'eſtant rendu maiſtre enuiron la minuit, il repoſa ſon armée le reſte de la
nuit, ayant aſſis bon guet par toutes les roches, & ſur l'aube du
iour deſcendit du deſtroit le long du grand chemin: & tant
qu'il marcha dans les lieux ſerrés, il menoit ſes troupes à la file,
mais à meſure que le païs ſ'eſtendoit en planure, il deſployoit
ſes manches en Bataillons, faiſant marcher de l'aiſle ſes bandes d'Infanterie, moitié deçà, moitié delà, d'vn coſté vers la
monta-

montagne, & à main gauche vers la mer: Iufques alors les Caualiers eftoient rangés derriere l'Infanterie, mais quand ils furent aduancés dans la plaine, il rangea fon armée en ordre de
combattre. En la corne droite vers la montagne furent rangés
les prémiers de l'Infanterie les gardes du Roy, & les autres
gardes foubs la conduitte de Nicanor fils de Parmenion, à tenant d'eux les Bandes de Coenus, apres eux celles de Perdiccas, & ces troupes eftoient rangées iufques au milieu de la bataille des piquiers, en commençant à la corne droite: En la
corne gauche les bandes d'Amyntas eftoient les premieres,
apres celles de Ptolemée, tenant d'elles celles de Meleager.
Craterus auoit charge de commander toute l'Infanterie de la
corne gauche, & Parmenion la conduitte de la corne entiere,
auec commandement expres de ne point quitter le riuage de
là mer crainte d'eftre enueloppé par les Barbares, qui deuoient à raifon de leur grande multitude les engloutir de tous coftés. Darius ayant eu aduis qu'Alexandre f'aduançoit pour luy
prefenter Bataille, feit paffer delà le fleuue Pinarus enuiron
trente mil hommes de cheual, & vingt mil hommes de traict,
afin de ranger auec plus de feureté le refte de fes troupes, il rangea à l'encontre de la Falange des Macedoniens à la tefte de
fon Infanterie pefamment armée, trente mil Grecs foudoyez,
apres eux foixante mil Cardaques, moitié deçà, moitié delà,
qui portoient auffi des harnois complets: Et c'eftoit tout ce
que pouuoit contenir d'hommes de front en vne bataille fim-
ple le lieu où ils fe rangerent, & affigna 20000. hommes pour
tenir la montagne qui eftoit à la corne gauche de fon armée
vis à vis de la droite d'Alexandre, & quelques vns de ceux-cy
eftoient au dos de l'armée d'Alexandre: Car la montagne fur
laquelle ils furent affis f'ouuroit en profondeur, & faifoit
comme vn golfe de mer, puis fe pliant en potance, mettoit
derriere la corne droite d'Alexandre, partie de ceux qui eftoient rangés foubs fes coftaux.

Le refte de fes gens de traict & corfelets ordonné par nations en hauteur inutile faifoit efpaule aux corfelets Grecs,
& autres Barbares rangés en front; car l'armée entiere de Darius, ainfi que l'on difoit eftoit de fix cent mil combattans. Or
Alexandre comme le lieu f'eftendoit en largeur à mefure qu'il
f'aduançoit, faifoit marcher de l'aifle les Caualiers de fa Cour

& les Theſſaliens auec ſon Infanterie Macedonienne, leſquels tous il rangea auec ſoy en la corne droite, enuoyant ceux du Peloponeſe & autres ſiens confederés vers Parmenion en la gauche: Mais Darius ayant mis ſa Bataille en bonne conche rappella par vn ſignal les Caualiers qu'il auoit aduancés delà la riuiere, afin que plus aſſurément il peut vacquer à l'ordre de ſon armée, la plus grand part deſquels Caualiers il rangea en la corne droite de ſa Bataille vers la mer contre Parmenion, parce que le terrein de ceſt endroit là eſtoit meilleur à cheuaucher, le reſte fut fait marcher de l'aiſle vers la corne gauche tirant à la montagne: mais comme ils luy ſemblerent inutiles en ceſte part à cauſe des lieux ſerrés & eſtroits, il les contremanda preſque tous de repaſſer en la corne droite. La perſonne de Darius eſtoit au milieu de la Bataille, ſelon que porte la couſtume des Roys des Perſes, la raiſon de laquelle a eſté couchée par eſcrit par Xenophon fils de Gryllus. Alexandre voyant que la caualerie des Perſes preſque toute eſtoit paſſée vers le riuage de la mer pour combattre ſa corne gauche en laquelle il n'auoit rangé que les Caualiers du Peloponneſe & ſes autres confederés, enuoya en diligence la caualerie Theſſalienne en ſa corne gauche, ayant commandé non de cheuaucher le long de la teſte de l'ordonnance, crainte que les ennemis ne deſcouuriſſent qu'ils changeoient leur poſte, mais de paſſer en cachette derriere la Bataille. En la corne droite il rangea à la teſte de ſa caualerie, les Auantcoureurs commandés par Protomachus, & les Paeoniens commandés par Ariſton. A la teſte de l'Infanterie les Archers commandés par Antiochus. Les Agrianes commandés par Attalus, & quelques Caualiers & Archers furent rangés en aiſle vers la montagne qui eſtoit à leur dos, en ſorte que la corne droite de ſon armée faiſoit deux teſtes, l'vne pointée vers Darius, & tous les Perſes qui eſtoient delà l'eauë, l'autre tournée contre ceux qui eſtoient rangés à ſon dos ſur la montagne. En la corne gauche furent rangés à la teſte de l'Infanterie, les Archers Cretois, & les Thraciens commandés par Sitalces, & auant eux encor la caualerie de la corne gauche. Les Caualiers eſtrãgers ſoudoyez furent rangez à la teſte de tous; Mais comme Alexandre ſe fut apperceu que ſa Bataille eſtoit vn peu trop laſche vers ſa corne droite, du coſté de laquelle les Perſes deuoient de beaucoup surpasser le front de la sienne : Il commanda à deux troupes de caualerie de sa Cour, l'vne nommée l'Antebusie de laquelle Peridas fils de Menestheus estoit Capitaine, & l'autre nommée Lagée commandée par Pantodarnus fils de Cleander, de passer en cachette vers sa corne droite : Et ayant fait marcher de l'aisle vers sa corne droite ses Archers, & partie des Agrianes, & des Grecs soudoyés pour faire front de ce costé-là , estendit sa Bataille par delà la corne gauche des Perses ; car voyant que ceux qui estoient rangés sur la montagne ne descendoient point, & que les Agrianes auec peu d'Archers ayant par le commandement d'Alexandre couru sur eux pour les charger, ils gaignoyent le sommet des montagnes sans faire disputer les costaux, il iugea qu'il suffisoit de ranger trois cent Caualiers de ce costé-là pour les tenir en escheq, & se seruir du surplus pour fournir sa Bataille.

Ses troupes ainsi rangées il se mit à la teste les faisant reposer & prendre aleine quelque peu de temps ; de sorte qu'ils semblerent n'auoir pas l'vn ny l'autre grande haste de se ioindre, car Darius ayant rangé ses gens comme i'ay dit, ne les feit point aduancer, mais tenir ferme sur les riues du fleuue effondrées & pleines de precipices ou retranchées par endroits ou l'aduenuë estoit plus aisée, & à cela Alexandre recognut incontinent que Darius auoit mauuaise opinion de son fait propre. Or comme les armées se furent approchées alors Alexandre cheuauchant le long de ses Batailles exhortoit les siens d'estre gens de bien ; Parlant nommément & en termes honorables , non seulement aux Capitaines, mais mesmement aux Brigadiers de Caualerie & Caporaux d'Infanterie, chacun par leur nom, & à ceux d'entre les estrangers soudoyés qui estoient signalés par leur grade ou par leur valeur : Les soldats luy respondoient de toutes parts à grands cris d'allegresse, qu'il ne tardast plus de les mener à la charge. Alexandre marchoit tousiours en bon ordre, & du commencement, bien qu'il eut desia l'armée de Darius en veuë s'aduanceoit à petit pas, crainte que quelques endroits de sa bataille qui auroit flotté en cheminant trop fort ne se des-vnissent : mais si tost qu'ils furent dans la portée du traict, ceux d'alentour Alexandre, & luy mesme en personne rangé en la corne droite, entra à toute bride dans le courant de l'eaüe, tant afin d'eston-

I i ij

ner les Perſes par vn abord ſi bruſque & violent, que pour receuoir moins d'offence des Archers en venant viſtement aux
mains, & il en arriua ce qu'Alexandre ſ'eſtoit promis par con-
iecture: car ſi toſt qu'ils furent au combat de main tous les ar-
rierebans de la corne gauche de l'oſt Perſien tournerent le
dos, & de ce coſté-là Alexandre & les ſiens auoient vne belle
& illuſtre victoire: Mais les Grecs ſoudoyés qui eſtoient au
ſeruice de Darius, par ou la Falange Macedonienne auoit fait
breſche eſtant deſtachée & demembrée vers la corne droite
(car Alexandre ayant donné bruſquement dans la riuiere, &
commencé le combat de main auoit repouſſé les Perſes qui
eſtoient ordonnez de ce coſté-là, mais ceux du milieu de la
bataille des Macedoniens, ne ſe mirent pas en beſoigne auec
pareille diligence, & ayant en pluſieurs endroits rencontré
vn riuage raboteux & effondré, ils ne peurent conſeruer l'ordre du front de leur Falange.) Les Grecs chargerent les Macedoniens par où ils virent leurs bataillons plus eſcartés & diſ-
ſipés, & fut en ce lieu le combat fort opiniaſtrement rendu,
de la part des Grecs pour renuerſer les Macedoniens dans la
riuiere, & recouurir la victoire à ceux de leur party qui eſtoient deſia en fuitte: de la part des Macedoniens, pour ſecon-
der le bon ſuccés, & deſia tres-apparente proſperité d'Alexandre, & ne rien perdre de la gloire & reputation de la Falange Macedonienne, tenuë iuſques alors pour inuincible, &
outre cela vne certaine ambition & jalouſie des nations Greque & Macedonienne les animoit à ſ'obſtiner d'auantage; &
là fut tué Ptolemée fils de Seleucus ayant rendu de grandes
preuues de ſa valeur, & enuiron ſix vingt autres Macedoniens
gens de marque; & ſur ces entrefaites les Bandes de la corne
droite d'Alexandre, voyant les Perſes qui leur auoient tenu
teſte tournés en fuitte, retournant vers les eſtrangers ſoudoyez de Darius, qui menoient battant les Macedoniens:
les chaſſerent du bord de la riuiere, & ayant eſtendu leur bataille & inueſty les Perſes par la breſche que les fuyars de leur
oſt auoient laiſſée ouuerte, donnerent à trauers le flanc des
Grecs partiſans de Darius, & les taillerent en pieces. Les Caualiers Perſans rangez en teſte des Theſſaliens, n'attendirent
pas le combat de là l'eauë, mais ayant paſſé brauement chargerent les eſcadrons des Theſſaliens, & menerent vn fier

combat

combat & meſlée de cheuaux, & les Perſes ne plierent ou
gauchirent iamais, qu'ils ne ſe fuſſent apperceus que Darius
eſtoit en fuitte, & que les Grecs ſoudoyés eſtoient demem-
brés d'auec eux, & taillez en pieces par la Falange. Alors la
fuitte commença à bon eſcient de tous coſtés; & les cheuaux
des Perſes patiſſoient beaucoup de maux en ceſte retraicte,
portant leurs cheuaucheurs armés peſamment, & les Caualiers meſmes dans les chemins eſtroits, eſtant en grand nombre, & faiſant leur retraicte auec beaucoup d'eſpouuante &
de deſordre, ne ſe faiſoient pas moins de dommage ſe foulant
aux pieds les vns & les autres qu'ils en receuoient de l'ennemy
qui les pourſuyuoit, car les Caualiers Theſſaliens les preſ-
ſoient viuement; de ſorte que le meurtre des Caualiers ne fut
pas moindre en ceſte fuitte que ſ'ils euſſent eſté gens de pied.
Or Darius lors que la corne gauche de ſon armée fut eſbran-
lée par Alexandre, & qu'il eut apperceu quelle eſtoit deſ-
membrée du reſte de ſa bataille, ſe mit auſſi toſt dans le chariot qu'il auoit, à fuyr des premiers, & tant qu'il eut beau chemin à fuyr, il ſe ſauuoit ſur ſon char, mais ayant rencontré des
fondrieres & lieux mal-aiſez, il quitta ſon chariot & ſon eſcu, & deſpoüilla ſa caſaque, laiſſa ſon arc ſur le char, & mon-
ta à cheual pour fuyr, & la nuit qui ſuruint incontinent em-
peſcha qu'il ne fut priſonnier d'Alexandre: car auant que le
iour finiſt Alexandre tourna teſte vers le camp, il prit neantmoins le chariot de Darius & ſon eſcu, & ſa caſaque, & ſon
arc: car la pourſuitte d'Alexandre fut vn peu lente, parce que
lors du premier demembrement de ſa Falange, ayant fait conuerſion vers ce coſté-là; il ne commença point à donner la
chaſſe à l'ennemy qu'il n'euſt veu les Grecs ſoudoyez par Darius, & la caualerie des Perſes renuerſée dans l'eauë. D'entre
les Perſes moururent Arſaces, & Reomithres, & Atizyes, qui
auoyent cõmandé la caualerie au paſſage du Granique: Mourut auſſi Sabaces gouuerneur d'Egypte, & Bubaces, gens de
grand eſtime parmy les Perſes; le nombre des morts paſſoit
cent mil, d'entre leſquels y auoit plus de dix mil Caualiers;
de ſorte que Ptolemée fils de Lagus qui eſtoit lors à la ſuitte
d'Alexandre, dit que ceux qui pourſuyuoient Darius auec
luy, ayant rencontré vne certaine fondriere en leur chemin,
ils la comblerent de morts pour ſe faire paſſage: Le Camp de

K k

Darius fut foudain pris d'affaut, fa mere, fa femme, fa fœur, &
vn fils de Darius encor enfant, deux fiennes filles, & petit
nombre de Dames qui eftoient femmes des Pairs Perfiens:
Car les autres Perfiens auoient retiré leurs femmes en Damas
de Syrie auec tout leur famille & bagage, parce que Darius y
auoit enuoyé la plufpart de fes finances, & tout l'attirail qui a
de couftume d'eftre pour le plaifir & paffetemps du grand
Roy mené à fa fuitte quand il va au camp; de forte qu'il ne fut
trouué en fes coffres que dixhuiĉt cent mil efcus: Le refte fut
depuis trouué & pris par Parmenion enuoyé en Damas pour
ceft effeĉt. Telle fut l'iffuë de cefte bataille l'année de la Pre-
uofté de Nicoftratus à Athenes au mois de Septembre. Le
lendemain Alexandre, bien qu'il eut la cuiffe percée d'vn coup
d'efpée, alla vifiter les bleffez, & ayant fait recueillir les morts,
leur feit de tres-magnifiques funerailles, en prefence de toute fon armée rangée en bataille en tres bel equipage & ordre
de combattre, honorant de parolles ceux qu'il auoit veu faire,
ou appris par fidelle rapport auoir fait quelque aĉte fignalé au
combat, & recompenfa de grandes fommes d'argent chacun
felon fon merite.

La Bataille d'Abele gaignée par Alexandre contre Darius.

Du troifiefme liure d'Arrian.

DARIVS rangea fon armée en cefte maniere;
car l'ordre de fa bataille fut trouué depuis par efcrit au rapport d'Ariftobulus.

La corne gauche eftoit tenuë par les Caualiers Baĉtriens & auec eux les Daës & Aracho-
tes: Apres eux eftoient rangez les Perfes, Infanterie & Caualerie meflée enfemble; les Sufiens apres les Perfes, apres les
Sufiens les Cadufiens: Telle eftoit l'ordonnance de la corne
gauche iufques au milieu de la Bataille.

En la corne droite eftoient rangez la caualerie de Syrie la
Creufe, & de la Mefopotamie, & les Medes encor fur la main
droite; apres eux les Parthes & Saces, les Topires & Hirca-

niens, les Albaniens & Sacefines, & ceux-cy tenoient iufques
au milieu de la Bataille.

Au milieu ou eftoit le Roy Darius, les Coufins du Roy
eftoient rangés & les Perfes qui portoient des pommeaux au
conte de leurs piques; les Indiens, les Cariens que l'on nomme
Defpaylés, & les Archers Mardois: Les Vxiens, les Babilo-
niens, les voifins de la mer Rouge & Sitaceniens eftoient rangez en profondeur pour leur faire efpaule.

Il auoit en la corne gauche vis à vis de la droite d'Alexandre fait auancer les Caualiers Scythes, & mille Bactriens, &
cent Chariots armés de faux: Les Elefans eftoient deuant l'efcadron Royal de Darius, auec cinquante chariots ; auant la
corne droite eftoient rangés les Caualiers Armeniens & Cap-
padociens, & cinquante chariots armez de faux. Les Grecs
à la folde du Perfe furent rangés cofte à cofte de Darius de part
& d'autre, comme eftant feuls baftans de tenir tefte à la Falange Macedonienne.

L'armée d'Alexandre fut ainfi rangée, les Caualiers de fa
Court eurent la droite, à la tefte defquels eftoit l'efcadron du
Roy, mené par Clitus fils de Dropidas, puis l'efcadron de
Glaucias, & à tenant celuy d'Arifton, puis celuy de Sopolis
fils de Hermodorus, puis celuy d'Heraclite fils d'Antiochus,
puis la troupe de Demetrius fils d'Althaemenes, & à tenant
celle de Meleager: La derniere des troupes Royales, celle
de laquelle Hegelochus fils d'Hippoftratus eftoit Capitaine.
De toute la caualerie de la Court du Roy Philotas fils de Parmenion eftoit Colonel. De la Falange Macedonienne ioignant la caualerie eftoit rangé le premier le regiment des gardes du Roy, apres luy les autres gardes des Princes; foubs le
Colonel Nicanor fils de Parmenion, tenant d'iceux les bandes de Coenus fils de Polemocrates: Apres, celles de Perdiccas fils d'Orontes, apres, de Meleager fils de Neoptolemus,
apres, de Polyperchon fils de Simmius, apres, d'Amyntas fils
de Philippe lefquelles eftoient commandées par Simmias, en
l'abfence d'Amyntas enuoyé en Macedone pour faire leuée de
foldats. Les Bandes de Craterus fils d'Alexandre eurent la
corne gauche de la bataille d'Infanterie Macedonienne, &
Craterus mefme auoit charge de toute l'Infanterie de la corne
gauche, & ioignant luy eftoient les Caualiers confederés

foubs la conduitte d'Erigyjus fils de Larichus ; tenant d'eux vers la corne gauche eftoient les Caualiers Theffaliens, defquels Philippe fils de Menelaus eftoit Colonel. Toute la corne gauche eftoit foubs le commandement de Parmenion, & alentour de luy les Caualiers Pharfaliens qui eftoit la fleur & la force de toute la caualerie Theffalienne faifoient le gros.

Telle eftoit l'ordonnance rangée de front par Alexandre, foubs laquelle il rangea vne feconde ordonnance, afin que fa bataille eut deux teftes, & commanda aux Chefs de la feconde ordonnance, que f'ils f'apperceuoient que leurs gens fuffent enuironnés par les troupes Perfiennes, ils tournaffent vifage pour fouftenir la charge des Barbares, & que felon que le befoin les y forceroit, ils defployaffent ou fermaffent leur bataille en aifles : Partant il rangea en la corne droite à tenant de l'efcadron Royal la moitié des Agrianes menés par Attalus, apres eux les Archers Macedoniens commandez par Brifon, à tenant des Archers les vieilles bandes eftrangeres auec leur Colonel Cleandre. Auant les Agrianes & les Archers eftoient rangés les Caualiers Auantcoureurs & les Hongrois, menés par Aretas & Arifton, à la tefte defquels furent ordonnés les Caualiers foudoyez commandés par Menidas : Mais auant l'efcadron du Roy & les trouppes de fa Cour eftoit rangée l'autre moitié des Agrianes & des Archers, & les dardeurs de jauelots de Balacrus le tout vis à vis des chariots armés de faux : & fut donné commandement à Menidas & à ceux qui le fouftenoient de faire aifle à la corne droite au cas que les ennemis cheuauchaffent à l'entour, & de les charger par le flanc : L'ordre donné par Alexandre à fa corne droite fut tel. En la corne gauche, furent rangez en aifle les Thraciens conduits par Sitalces, apres eux les Caualiers confederés commandés par Coeranus : Apres eux les Caualiers Odryfiens conduits par Agathon fils de Turimmas, mais à la tefte de toutes les troupes de ce quartier-là fut rangée la caualerie des eftrangers foudoyez commandez par Andromachus fils de Hieron. A l'Infanterie Thracienne fut laiffée la charge de garder le bagage : Toute l'armée d'Alexandre eftoit fept mil hommes de cheual, & enuiron quarante mil hommes de pied.

Or comme les deux armées furent en veuë l'on veit paroiftre Darius & les Perfes de fa garde portant des pommeaux au

conte

conte de leurs piques, les Indiens, Albaniens, Caramaniens Deſpayſés, & Archers Mardois rangez vis à vis d'Alexandre, & de ſon eſcadron Royal.

Alexandre marchoit en tirant touſiours à main droite, & les Perſes le coſtoyoient de meſme : la corne gauche deſquels ſurpaſſoit de bien loing ſa droite, & deſia les Caualiers Scythiens eſſuyant la teſte de l'armée d'Alexandre atteignoient les premieres troupes de ſon ordonnance : Luy neantmoins tiroit touſiours à main droite, & eſtoit pres de paſſer outre le lieu eſplané par les Perſes. Lors que Darius craignant que les Macedoniens ayant gaigné le païs boſſu, ſes chariots luy deuinſſent inutiles ; commanda que les troupes d'auantgarde de ſa corne gauche, cheuauchaſſent à l'entour de la corne droite, vers laquelle Alexandre ſ'eſtendoit, afin d'empeſcher qu'il ne la pouſſaſt plus auant : Ce qu'eſtant executé Alexandre commanda à la caualerie ſoudoyée conduitte par Menidas de les charger. Les Scythes & ceux d'entre les Bactriens qui eſtoient rangés auec eux eſtant partis de la main pour les choquer de rencontre, Alexandre commanda les Hongrois qui eſtoient ſoubs la charge d'Aretas & les eſtrangers de charger les Scythes, & alors les Barbares plierent : mais les autres Bactriens ayant abordé les Hongrois & eſtrangers, feirent retourner au combat leurs fuyars, & commencerent la meſlée, en laquelle ceux d'Alexandre tomboient en plus grand nombre, tant par la multitude des Barbares que parce que les Scythes & leurs cheuaux eſtoient mieux couuerts pour la defence : Neantmoins les Macedoniens ſouſtinrent brauement leurs charges, & feirent ſi bien à force de les choquer & heurter par eſcadrons qu'ils les enfoncerent & chaſſerent hors de leur champ. Cependant les Barbares laſcherent leurs chariots armés de faux ſur Alexandre, en eſperance de mettre du deſordre parmy ſon Infanterie, en quoy ils furent grandement trompez ; car ſi toſt que les chariots ſe preſenterent, les Agrianes & Dardeurs de Balacrus qui eſtoient rangez à la teſte de la caualerie de la Court les percerent à coups de traict, ſ'aiſiſſant les reſnes, tirant à bas ceux qui en auoient la conduitte, & tüant les cheuaux : Quelques vns eſchapperent à trauers les batailles qui ſ'entr'ouurirent, ainſi qu'il leur auoit eſté commandé, là où la courſe des chariots ſ'adreſſa,

qui fut le meilleur expedient pour les faire paffer fauues, &
fans endommager ceux contre lefquels ils auoient pris carriere; & de ceux-là les palefreniers de l'armée d'Alexandre, &
les gardes du Roy f'en rendirent maiftres. Or comme Darius
efbranloit defia toute fa bataille pour aller à la charge; ce fut
lors qu'Alexandre commanda à Aretas de charger ceux qui
cheuauchoient à l'entour de fa corne droite pour l'entourer,
& luy iufques à cefte heure là faifoit marcher les fiens de l'aifle;
mais comme les Caualiers qui accoururent vers ceux qui en-
ueloppoient leur corne droite eurent percé & rompu vne
partie de l'auantgarde ou premiere bataille des Barbares; Alexandre tourna tefte par cefte brefche: & faifant comme vn efcadron en efperon de la caualerie de fa Court, & de l'Infanterie qui eftoit ordōnée de ce cofté-là, il piqua au gallop, & menant vn grand cry vers Darius, à l'entour duquel le combat de
main dura quelque peu de temps, mais comme les Caualiers
d'Alexandre, & luy mefme en perfonne l'efforçoient opiniaftrement, choquant & heurtant les Perfes, & les frappant à
coups de lance dans le vifage, & que la Falange Macedonienne ferrée & heriffée de piques les choquoit defia, & que Darius auparauant faifi de crainte, ne voyoit rien que d'horri-
ble & effroyable à l'entour de foy, il tourna vifage le premier
pour fuyr: Et ceux mefmes des Perfes qui cheuauchoient à
l'entour de la corne droite d'Alexandre furent chargés fi viuement par les gens d'Aretas qu'ils fe mirent à fuyr. Les Perfes
donc fuyoient à bon efcient de ce cofté-là, & les Macedoniens pourfuyuoient & maffacroient les fuyars : Mais Simmias & fon Regiment ne peurent partir de compagnie auec
Alexandre pour donner la chaffe aux fuyars, parce qu'ayant
eu aduis que leur corne gauche eftoit mal menée, leurs bataillons firent alte, pour combattre à fon fecours; au moyen dequoy eftant le front de leur ordonnance fendu de ce cofté-là,
quelques Caualiers Indiens & Perfans piquerent à trauers la
brefche iufques au bagage des Macedoniens, & y fut rendu
grand combat ; car les Perfes attaquerent hardiment, trouuant la plufpart defarmés, qui ne l'attendoient pas que perfonne peut percer deux Batailles pour piquer iufques à eux:
Et les Barbares mefmes prifonniers de guerre, coururent fus
aux Macedoniens quand ils les veirent aux mains auec les

Perſes : Mais les Chefs de la ſeconde Bataille d'Alexandre ayant eſté aduertis en diligence de ce qui ſe paſſoit, tournant la teſte de leur Bataille comme il leur auoit eſté commandé, chargerent les Perſes au dos, & en tuerent la pluſpart embaraſſés parmy le bagage , les autres eſquiuerent & ſe mirent à fuyr.

Mais les Perſes de la corne droite, non aduertis de la fuitte de Darius , ayant cheuauché à l'entour de la corne gauche d'Alexandre chargerent Parmenion par le flanc, & à lors les affaires des Macedoniens eſtant du commencement en branſle, Parmenion enuoya aduertir Alexandre en toute diligence que leur fait eſtoit en haſard , & qu'il auoit beſoin de ſecours: C'eſt aduis luy eſtant venu, il ſe deſtourna de pourſuiure d'auantage, & faiſant vne conuerſion mena au gallop la caualerie de ſa Cour vers la corne droite des Barbares, & chargea premierement la caualerie fuyarde des ennemis, qui eſtoient les Parthes & quelques Indiens, la pluſpart des Perſes & des vaillans, & ſ'attacha vne meſlée & combat à cheual le plus rude & furieux de tous les exploits qui ſe firent ce iour-là: Car eſtant rangez en profondeur , c'eſt à ſçauoir, par eſcadrons, les vns ſoubs les autres, les Barbares prirent Caracol tout d'vne piece, & rencontrant de leur teſte ceux d'Alexandre, ils ne ſ'amuſerent point à darder leurs jauelines en faiſant filer leur caualerie qui eſtoit leur façon de combattre à cheual, mais chacun d'eux ayant haſte de percer ce qui ſe preſentoit deuant ſoy, comme eſtant le ſeul moyen de ſe ſauuer, ils tuoient & eſtoient tuez ſans ſ'eſpargner, en guiſe de gens qui diſputent leur propre vie, & non la victoire d'autruy; & en ce combat furent tués enuiron ſoixante Caualiers de la Court d'Alexandre, Hephaeſtion meſme fut bleſſé, & Coenus, & Menidas ; les ennemis furent neantmoins deffaits , & ceux qui peurent eſchapper à trauers les eſcadrons d'Alexandre fuirent à toute bride. Or Alexandre eſtoit fort pres de ioindre la corne droite des ennemis, mais cependant la caualerie des Theſſaliens auoit combattu ſi brauement, qu'ils ne luy laiſſerent point de beſoigne de reſte, mais auoient deſia mis en fuitte les Barbares quand Alexandre vint à eux; de ſorte qu'il ſe deſtourna , & partiſt derechef de la main pour donner la chaſſe à Darius, & le pourſuiuit tout le reſte du iour,

Parmenion aussi pourfuiuit de mesme ceux qu'il auoit mis en fuitte de son costé; mais Alexandre ayant passé la riuiere nommée Lycus , campa sur le bord afin de donner quelque repos à ses hommes & à ses cheuaux. Parmenion prist le camp des Perses , & leur bagage & leurs Elefans & leurs Chameaux.

Description de la bataille de Cannes, tirée du troisiesme liure de l'histoire de Polybe.

I tost que Gaius eust le iour ensuyuant pris à son tour le commandement de l'armee, dés que le soleil se monstra en l'Orient, il mist ses troupes aux champs, hors de l'vn & l'autre camp à la fois, & ayant passé l'eauë ceux du grãd retranchement il les mist sur l'heure en bataille, puis ioignit à leur costé ceux de l'autre rangez en mesme droite ligne, tournant la face de toute sa bataille vers le midy; en laquelle il ordonna les Cheualiers Romains pres de la riuiere en la corne droite de l'armée, & estendit l'Infanterie pres d'eux tout d'vn front tenant ses enseignes plus druës que l'ordinaire, en sorte que le front d'vne compagnie ne faisoit que le tiers de la hauteur d'vn bataillon: La caualerie des Alliés eut l'aisle gauche, les gens de traict furent aduancés à la teste de toutes les troupes , & les forces Romaines en comptant leurs Alliés, montoient à quatrevingt mil hommes de pied, & vn peu plus de six mil cheuaux.

Annibal en mesme temps ayant passé ses tireurs de fonde, & dardeurs de jauelots de la l'eauë, les ietta auant son armée, & tirant le reste de ses troupes hors du retranchement, trauersa le courant de l'eauë par deux endroits, & rangea contre les ennemis. Il mit ioignant le fleuue sur l'aisle gauche de son armée la caualerie Gauloise & Espagnole en teste de la caualerie Romaine, tenant d'eux la moitié de ses pietons Africains pesamment armés; en suitte d'iceux son Infanterie Gauloise & Espagnole, apres eux le reste de ses Africains, sur l'aisle droite

droite la caualerie Numidienne , & apres qu'il euft eftendu toutes fes troupes de front en droite ligne, prenant les troupes du milieu qui eftoient de Gaulois & Efpagnols : Il commença de marcher en auant, faifant en lieu de coftoyer fuiure les autres en telle proportion, que fon ordonnance fe forma en croiffant amenuifé & affoibly de nombre de rancs fur le milieu de fa boffe; voulant par ce moyen referuer fes Africains pour arrieregarde, & fe feruir des Gaulois & Efpagnols pour auantgarde. Les Africains portoient le harnois à la Romaine : car Annibal les auoit ainfi equippez des defpoüilles recueillies apres la bataille precedente. Les targes Efpagnoles & Gauloifes eftoient de mefme forte , les efpées fort differentes : Car l'efpée Efpagnole eftoit egallement offenfiue d'eftoc & de taille, mais le coutelas Gaulois ne pouuoit feruir qu'à l'eftramaçon , & encor defchargé de loing. Or eftant rangés alternatiuement par bandes, les Gaulois nuds iufques à la ceinture, les Efpagnols couuerts de hoquetons piqués de lin & brochés de pourpre à la mode du païs, la contenance en eftoit belle & affreufe. La caualerie des Carthaginois montoit à dix mil; l'Infanterie faifoit peu plus de quarante mil hommes, y comprenant les Gaulois : Æmilius commandoit la corne droite des Romains, Gajus la gauche; au milieu de la bataille commandoient Marcus & Gnaeus qui auoient efté generaux d'armée l'an precedent. En l'armée des Carthaginois Afdrubal commandoit la corne gauche, Hannon la droite, Annibal gouuernoit le milieu affifté de fon frere Magon. Or l'ordonnance des Romains regardant vers le Midy, comme j'ay dict cy-deffus, celle des Carthaginois vers le Nort: Il f'enfuiuoit que les rayons du Soleil leuant n'offufquoient les vns ny les autres.

Les gens de traict des auantgardes eftant venus aux mains, la partie fuft efgale du commencement; mais quand les Cheualiers Gaulois & Efpagnols de la corne gauche aborderent les Romains, ils leur firent vne tres rude & barbarefque charge : car ils ne firent point de Caracols pour fe rallier & retourner à la charge, comme c'eft la couftume, mais f'eftant vne fois aheurtés au choq , ils combattoient opiniaftrement corps à corps, fe portant l'vn l'autre par terre. Comme donc les Carthaginois eurent du meilleur, & ayant à la chaude tué la pluf-

part des Romains qui ſe deffendoient vaillamment & à toute
outrance, menoient le reſte battant au long de la riuiere maſ-
ſacrans & vſans de main baſſe ſans remiſſion : ce fuſt lors que
les gens de pied vinrent au choq, ſe choquerent, là où les bataillons des Gaulois & Eſpagnols tinrent bon quelque temps,
& combattirent courageuſement les Romains, qui firent de
ſi grands efforts ſur eux, qu'en fin les Gaulois furent enfoncés, & reculans arriere rompirent leur Croiſſant; les cohortes Romaines pourſuiuant inconſiderement ceſte victoire ſi-
rent iour à trauers les ennemis auec peu de peine, parce que
les Gaulois eſtoient rangés fort mince, & les Romains ſ'eſ-
ſtoient au contraire rangés au large vers les cornes, pour ſerrer & renforcer vers le milieu ou eſtoit attaché le combat:
Car les cornes ne vinrent pas aux mains en meſme temps que
le milieu, mais le milieu le premier, parce que les Gaulois qui
eſtoient rangés en forme de Croiſſant, la boſſe tournée vers
l'ennemy, ſ'aduançoient loing des cornes : Les Romains donc
les pourſuyuãs & accourans au milieu vers l'endroit ou les ennemis plioient ſ'engagerent ſi auant qu'ils deſcouuroient leur
flancs aux Africains peſamment armés, d'entre leſquels ceux
de la corne droite ayant fait quart de tour vers la rondache,
ſe mit en bataille en coſtoyant de la pique, & attaquerent les
Romains aux flancs. Ceux de la corne gauche faiſant quart
de tour vers la pique camperent en coſtoyant de la rondache,
l'occurrence du cas leur enſeignant ce qu'ils auoient à faire:
D'où il arriua par la preuoyance d'Annibal, que les Romains
mettant les Gaulois en route ſe trouuerent enfermés au milieu des Africains. Alors les Romains tournant teſte non plus
par legions entieres, mais par hommes & par bandes contre
ceux qui les chargeoient par les flancs entretenoient le combat : Mais Lucius combien qu'il euſt conduit la corne droite,
& eu ſa part en la desfaite de la Caualerie, eſtoit neantmoins
encor ſur pied, & voulant monſtrer des effects conformes
aux diſcours qu'il auoit tenus en exhortant ſes ſoldats, &
voyant que le reſte de l'euenement de la bataille conſiſtoit en
ſes legions d'Infanterie, cheuauchant vers le milieu de ſon
ordonnance; tantoſt entroit luy meſme en la meſlée, & frap-
poit ſur l'ennemy, tantoſt encourageoit ſes ſoldats, Annibal
en faiſoit de meſme de ſon coſté; car il auoit dés le commen-

cement pris la conduitte du milieu de ſes troupes. Or les Numides de la corne droite ayant affronté la caualerie ran-gée en la corne gauche des Romains, n'auoient peu faire ny receuoir grand dommage à cauſe de leur façon de combat-tre, ains les auoient ſeulement haraſſez & empeſchez de rien executer ſur eux, touſiours tournoyans, fuyans & racourans à la charge de toutes parts : Mais comme Aſdrubal ayant le long de la riuiere taillé en pieces preſque toute la caualerie Romaine, paſſoit de la corne gauche au ſecours des Numi-des ; la caualerie des Alliés des Romains le voyant de loing leur venir ſur les bras, tourna bride & ſe retira : Aſdrubal feit icy vn traiɛt de grand prudence & fort important à la victoi-re : Car conſiderant que les Numides eſtoient en grand nom-bre, de grande execution, & tres-redoutables à gens qui ont pris l'eſpouuante, & deſia gauchy, il leur donna commiſſion de les pourſuiure, & mena les ſiens en toute diligence com-battre l'Infanterie Romaine, & ſecourir ſes Africains; & alors aſſaillant les legions Romaines par derriere, & les chargeant de relais en pluſieurs endroits à la fois, par petites troupes; il encouragea les Africains, rabattit & eſtonna les courages des Romains : Et ſur ce point Lucius Æmylius ayant receu de grandes playes mourut ſur la place les armes à la main: C'eſt homme là en toute ſa vie & au dernier ſouſpir d'icelle rendit autant de deuoirs à ſon païs que iamais homme aye fait. Les Romains tinrent bon, tant qu'ils peurent combattre, tour-nant teſte à toutes faces contre ceux qui les auoient entou-rés: Mais eſtant contraints de ſe reſſerrer touſiours de plus en plus à meſure que ceux d'alentour eſtoient tuez, ils furent en fin tous mis au fil de l'eſpée, & parmy eux Marcus & Gna-eus qui auoient l'année precedente eſté Conſuls, vaillans hommes, & qui ſe monſtrerent dignes de Rome en ceſte ba-taille. Durant ce dernier combat les Numides donnant la chaſſe à la caualerie fuyarde en tuerent ou deſmonterent la pluſpart, peu d'entr'eux ſe ſauuerent à Venuſia, parmy leſ-quels eſtoit Cajus Terentius Conſul Romain, homme qui auoit l'ame poltrone, & qui ſ'aquitta du commandement de l'armée au grand dommage de ſon païs. La bataille donc qui ſe donna pres de Cannes entre les Romains & les Carthagi-nois ſe termina de ceſte façon. Bataille ou ſe trouuerent de

Mm ij

144

tres - braues hommes , autant les vaincus que les vainqueurs, comme l'on voit par les effects : Car de six mille cheuaux , septante s'eschapperent auec Gajus dans Venusia, &
quelque trois cent des Alliés se sauuerent espars dans les villes : D'entre les pietons dix mille furent pris en combattant,
bien qu'ils ne se fussent pas trouués en la bataille : Car trois
mille seulement se sauuerent de la meslée dans les villes pro-
chaines, le reste montoit à septante mil hommes , qui moururent tous en gens de bien.

Le principal outil de la victoire des Carthaginois, tant en
ceste bataille qu'aux autres d'auparauant, feit le grand nombre de leur caualerie, & enseigna à ceux qui viendront apres
qu'il est meilleur pour les Batailles d'estre entierement le plus
fort en caualerie, & n'auoir que la moitié d'Infanterie , que
de hasarder iournée , ayant toutes forces esgales : Des gens
d'Annibal moururent quatre mille Gaulois, quinze cent tant
Espagnols qu'Africains , & enuiron deux cent hommes de
cheual.

Les Romains qui furent pris à rançon ne s'estoient point
trouuez au combat, pour cause que ie diray : Lucius auoit
laissé dix mil hommes de pied pour la garde de son camp :
A dessein que si Annibal desnüoit son camp de soldats pour
mettre tout en bataille; ceux-cy assaillants le quartier des ennemis durant le combat, se rendissent maistres de leur bagage , ou que si preuoyant cela , il y ordonnoit garde raison-
nable , il eussent moins d'ennemis en teste au combat general : Or ils se rendirent en ceste façon. Annibal ayant laissé
garnison suffisante en son camp, à l'heure mesme que le combat commença les Romains selon l'ordre qu'ils en auoient as-
siegerent & donnerent l'assaut à la garnison du logement des
Carthaginois, qui de premier abord tinrent bon ; mais comme ils commençoient d'estre fort pressés, alors Annibal ayant
vaincu par tout vient à leur secours, & feit tourner dos aux
Romains , & les renferma dans leur camp : & en ayant tué
deux mille se rendit maistre de tous les autres à rançon. Il en
arriua de mesme à ceux qui s'en estoient fuys dans les lieux
forts du païs d'alentour, lesquels les Numides ayant assiegés
& pris, ramenerent iusques au nombre de deux mil, j'entens
de ces gens de cheual qui auoient pris la fuite.

Bataille

Bataille de Scipion contre Hafdrubal en Efpaigne.

Du liure onziefme de Polybe.

ES aduantages que les Romains eurent en ces rencontres les rendirent plus hardis à donner bataille, & les Carthaginois au contraire plus retenus : Neantmoins les iours enfuyuans les deux armées fe tinrent rangées en la campagne qui eftoit entre leurs logemens, faifant plufieurs efcarmouches par leurs gens de cheual & Infanterie de traict, là où feftants fondés & efprouués Pvn Pautre, ils fe refolurent à vn combat general. Sur ces entrefaites Publius vfa de deux ftratagemes ; car confiderant qu'Afdrubal faifoit fortir fes troupes fur le tard , & rangeoit les Africains au milieu de fa bataille, les Elefans auant les cornes ; luy faccouftuma de battre aux champs encores plus tard, & de ranger fes Romains au milieu en tefte des Africains, & les Efpagnols aux cornes de fa bataille : Mais le iour qu'il fe propofa de combattre, faifant aux rebours de cela, il feruit beaucoup à faire vaincre les fiens, & defaduantagea grandement les ennemis : Car il defpecha dés Paube du iour les Fourriers vers les Maiftres de Camp, portant commandement aux foldats de prendre leur repas , & feftant mis en armes fortir hors du camp : Cela fait, côme les foldats eurent obey auec beaucoup d'allegreffe, fe doutât bien de l'intention de leur Chef : Scipion defpecha fes gens de cheual les premiers & l'Infanterie legere, auec ordre de donner iufques aux tranchées du camp ennemy, & efcarmoucher hardiment ; luy fitoft que le foleil commença de paroiftre en l'Orient , fit marcher fes gens de pied menant Pauantgarde, & ayant atteint le milieu de la plaine, fe mift en bataille, rangeant fes troupes au côtraire d'auparauant : Car il mift les Efpagnols au milieu, & les legions Romaines aux cornes. Or les Carthaginois voyant la caualerie des Romains venir brufquement baifer leurs tranchées, & le refte des troupes feftaller à leur veuë, eurent à peine loifir de farmer : De maniere qu'Hafdrubal, bien que tous les fiens fuffent encor à jeun fuft au defpourueu contraint de lafcher fur l'heure

N n

ſa caualerie & pietons de traiĉt en la plaine courir ſus aux ennemis, tandis que deſployant ſes bataillons d'Infanterie en la
campagne, il les rangea à l'abry des montagnes comme il auoit
de couſtume. Les Romains demeurerent quelque temps ſans
branſler, mais comme le iour s'aduançoit, & que la meſlée
des gens de traiĉt eſtoit eſgale & indeciſe, parce que ceux qui
eſtoient preſſés ſe retiroient rallier ſoubs leurs gros, & re-
tournoient à la charge : Publius ayant promptement recueil-
ly ſes eſcarmoucheurs dans les interualles de ſes bataillons, &
les ayant diſtribués derriere & ſoubs les deux cornes de ſa bataille, les pietons de traiĉt les premiers, & les gens de cheual
à leur queüe ; il les feit du commencement ſuiure meſme train,
& acheminer de front : Mais eſtant eſloigné des ennemis enuiron trois cent pas, il commanda aux Eſpagnols de conti-
nuer leur menée en meſme marche de front, gardant ſoigneu-
ſement leurs rancs, & à ſes enſeignes d'Infanterie, & cornet-
tes de caualerie de la corne droite, il commanda faire la conuerſion vers la pique, & à celles de la corne gauche vers la rondache, & prenant, luy de la corne droite, Lucius Martius &
Marcus Iunius de la corne gauche ; les trois premieres cornet-
tes de caualerie, & auant eux les gens de traiĉt accouſtumés,
& trois bataillons d'Infanterie (tels bataillons ſont par les Romains appellés Cohortes) ſinon que luy briſant ſa marche vers
la rondache, eux vers la pique, les menerent en manche de
droit fil attaquer l'ennemy, donnant bruſquement la charge,
ceux d'apres les talonnant touſiours, & ſuiuant leur briſée.
Or comme il arriua qu'ils eſtoient deſia proches des ennemis :
les Eſpagnols qui marchoient de front eſtant encor notable-
ment eſloignés, d'autant qu'ils auoient cheminé au petit pas,
les troupes Romaines aſſaillirent en manche droite les deux
cornes des ennemis, ainſi qu'ils auoient eu deſſein de faire.
Or les mouuemens & demarches d'apres, par le moyen deſquelles ceux qui ſuiuoient derriere s'eſtendirent en droite ligne des premiers, pour affronter l'ennemy eſtoient contraires de plan & d'aſſiette, & en general la corne droite de po-
ſture contraire à celle de la gauche, & en particulier l'Infanterie à celle des gens de cheual : Car les gens de cheual de la
corne droite auec les pietons de traiĉt faiſant aiſle en dedans
vers la pique eſſayoient d'inueſtir les ennemis, l'Infanterie au

contraire s'estalloit en front vers la rondache: En la corne gauche les bandes d'Infanterie se renforçoient vers la pique, la caualerie & les pietons de traict, s'estendoient vers la main de la
bride. De sorte qu'en chacune des cornes par le moyen de ces
mouuemens ce qui deuoit estre à main droite en la caualerie
& pietons de traict se trouuoit à gauche: dequoy le General
peu se souciant soigna au plus important, qui estoit d'enue-
lopper l'ennemy, & il eust bonne raison: Car il faut sçauoir ce
qui se doit faire, & neantmoins vser des demarches selon les
occasions. Par ceste façon de combattre les Elefans estant per-
cés de jauelots lancés par les gens de cheual & Infanterie de
traict, & hués de toutes parts patissoient beaucoup, & faisoient autant de dommage à ceux de leur costé qu'aux ennemis: Car se precipitant sans conduitte, ils perdoient indiffe-
remment tout ce qu'ils rencontroient. Or les cornes de l'Infanterie des Carthaginois estoient enfoncées, & les Africains
du milieu (qui estoit le plus fort qu'ils eussent) leur demeuroient entierement inutiles: car ils ne pouuoient quitter leurs
places pour secourir ceux des cornes, à cause des approches
des Espagnols: Encor moins pouuoient-ils rendre aucun deuoir, tenants ferme en leur place, d'autant que les ennemis
qu'ils auoient en teste ne venoient point aux mains: Neantmoins les cornes combattirent valeureusement durant quelque temps, parce que ceste bataille importoit du total aux vns
& aux autres: Mais comme la chaleur du iour estoit en sa plus
grande force, les Carthaginois deuenoient lasches, d'autant
que n'ayant pas fait ceste sortie de propos deliberé, ils auoient
esté preuenus de faire les apprests conuenables. Les Romains
les surmontoient de force de corps & de courage, & principalement en ce qu'ils auoient de leur plus fort attaqué le plus
foible des ennemis, par la prudence de leur General. Doncques du commencement les bataillons d'Asdrubal se sentant
plus foibles, reculerent pied à pied, puis pliant tout a faict, ils
se retirerent en gros soubs les montagnes ; mais comme les
Romains leur donnoient rudement la chasse, ils fuyrent à val
de route dans leurs tranchées. Que si quelque Dieu n'eust pris
le soing de les sauuer, leur camp eust esté enleué sur l'heure,
mais suruenant vn orage furieux, & s'estant esclattée vne
guillée de pluye impetueuse & continuelle, les Romains eurent assés de peine de retourner à leur logement,

Comparaifon de la Falange Macedonienne auec l'ordonnance ou legion Romaine.

Tirée du dixfeptiefme liure de Polybe.

R ayant promis au fixiefme liure de mon hiftoi-re de prendre le temps à propos pour faire com-paraifon du harnois des Romains & des Mace-doniens, & femblablement de l'ordre de leurs bataillons, en quoy ils font differens pour le pis & pour le mieux; j'effaieray maintenant d'accomplir ma pro-meffe par effect : Car puis que l'ordre Macedonien a par fes ef-fects donné preuue qu'il eftoit meilleur que tous les autres de Grece & d'Afie, & le Romain a furmonté celuy des Africains & de toutes les nations Occidentales, & que de noftre temps, non pour vne fois, mais plufieurs; ces bataillons, & ces hom-mes-là ont eu à demefler enfemble : Il fera beau & profitable de rechercher leur difference, & pourquoy il arriue que les Romains vainquent & emportent le prix des côbats de guer-re; crainte que n'en attribuant l'euenement à la fortune nous deifions fans raifon les vainqueurs comme font les hommes fols & fans iugement, mais cognoiffans les vraies caufes, nous donnions louange & admirions auec raifon ceux qui fe font rendus les Maiftres.

Or il ne faut point icy mettre en auant les combats des Ro-mains contre Annibal, & les pertes qu'ils y ont receuës, & ne f'en faut prendre ny à leur harnois ny à l'ordonnance de leurs Batailles; car la feule dexterité & bonne conduitte d'Annibal les y a fait tomber comme nous auons monftré en racontant chacun de ces combats, & qu'il ne foit ainfi la fin de la guerre en fait foy : Car fi toft que les Romains eurent vn Chef d'ar-mée de mefme conduitte qu'Annibal, deflors ils commen-cerent de vaincre; d'auantage Annibal mefme ayant reprouué l'ancien harnois des fiens apres auoir gaigné la premiere ba-taille, arma incontinent fes troupes des defpouïlles des Ro-mains, & en continua l'vfage de là en auant. Pyrrhus fe feruit non feulement d'armes, mais auffi de forces Italiennes en fes

batailles

batailles contre les Romains entrelaçoit vn manipule de rondeliers, & vn bataillons de piquiers, & neantmoins il ne peut
iamais obtenir vne victoire nette, mais l'issuë de ses combats a
tousiours esté douteuse & indecise en quelque façon.

Ceste preface estoit necessaire, afin de ne rien laisser qui
semblast contraire à l'aduis que ie donneray sur ce subiet : re-
tournons à nostre comparaison. Il est aisé de recognoistre qu'il
ny a rien qui puisse faire teste à la Falange, ny soustenir son effort quand elle a ses qualités & forces ordinaires : car puis que
chaque soldat en armes estant serré pour combattre ne tient
que trois pieds de terrein, & que la longueur des piques est selon leur premiere institution de seize courses reduits pour l'v-
sage des combats à quatorze, & que ce qui demeure entre les
mains du piquier, & ce qui surpasse derriere pour seruir de
contrepoix en emporte quatre ; il s'ensuit necessairement que
chaque corselets qui baisse la pique des deux mains presente
hors de son corps dix coudées de la longueur d'icelle : D'où
vient que les piques du cinquiesme rang aduancent deux coudées hors du premier, & celles du quatriesme, troisiesme & second, d'auantage quand la Falange a ses proprietés ordinaires
& est serré par files & par rancs, comme dict Homere en ces
vers,

Boucliers, Casques, soldats l'vn l'autre s'appuyoient
Des morions luysans les Crestes se touchoient,
Tant estoient dru serrez, les rancs de leurs batailles.

Ce qu'estant bien & veritablement dit ; il est necessaire que
cinq piques soient audeuant de chacun des Chefs de file, ayant
deux coudées moins de longueur l'vne que l'autre, & partant
il est aisé de se representer l'effort & violence de la Falange entiere, & combien elle doit estre puissante ayant seize hommes
de profondeur, d'entre lesquels ceux qui sont hors des cinq
premiers rancs, ne pouuant de leur piques ayder au combat,
ne les presentent pas baissées deuant eux, mais les portent pen-
chées vers les espaules droites de leurs deuanciers, afin de parer le bataillon des coups d'enhaut, l'empeschant par le moyen
d'vne haye de piques l'offence des traicts, lesquels passants par
dessus les testes des premiers rancs pourroient tomber sur
ceux de derriere ; & poussant en auant les premiers rancs de
toute la force & appuy de leurs corps, ils font vn choq rude

& violent, & rendent la fuitte impoſſible à ceux de la teſte. La diſpoſition de la Falange eſtant telle en ſon tout & en ſes parties; il faut maintenant parler en parangon des particularités & differences du harnois & ordonnance entiere des Romains. Le ſoldat Romain eſtant en armes tient auſſi trois pieds de terrein, mais leur façon de combattre eſtant telle, que couuerts comme ils ſont de leurs grands pauois, ils doiuent auoir libre le mouuement du corps, pour parer ou eſquiuer les coups qu'on leur porte, & pour manier l'eſpée d'eſtoc & de taille, il appert qu'il faudra du moins que leurs diſtances & interualles ſoient de trois pieds auſſi bien par files que par rancs, pour pouuoir deuëment ſe ſeruir de leurs armes : Ainſi il arriuera qu'vn pieton Romain aura deux Chefs de file de la Falange en teſte; de ſorte qu'il rencontrera & aura à combattre dix pointes de pique, leſquelles il eſt impoſſible qu'vn ſoldat du premier ranc, pour diſpoſt & habile qu'il ſoit, puiſſe couper, gaigner ou deſtourner en venant aux mains, ny forcer non plus les rancs de derriere, ne donnant aucun ſecours aux premiers pour enfoncer l'ennemy, ny pour manier l'eſpée: D'où il eſt aiſé de cognoiſtre qu'il n'y a moyen de ſouſtenir de front le choq de la Falange quand elle garde ſes proprietés & aduantages, comme i'ay dit auparauant. Quelle donc eſt la cauſe des victoires des Romains, & qui faict chopper ceux qui ſe ſeruent de Falanges? parce qu'il arriue que la guerre offre diuerſes occaſions & faces de lieux non preueuës, & la Falange ne peut rendre ſeruice qu'en vne occaſion en vne ſorte de lieux, & en vne façon ſeulement. Si donc force eſtoit que les ennemis tombaſſent d'accord des occaſions & lieux aduantageux pour la Falange quand ils veulent coucher tout en vne bataille, il ſ'enſuiuroit ſelon les raiſons que nous auons cy deſſus alleguées que la Falange l'emporteroit pardeſſus toutes les autres ordonnances: Mais ſ'il eſt poſſible, voire meſme aiſé de les euiter; pourquoy la Falange ſera-elle redoutable? Or tous ſont d'accord que la Falange demande vne plate & raſe campagne, qui ne ſoit empeſchée d'aucunes foſſes, fondrieres, vallons, tertres, ny de courans de riuieres; car toutes ces choſes ſont ſuffiſantes d'embaraſſer ou deſpecer ſon ordonnance. L'on m'accordera auſſi, qu'il eſt par maniere de dire, impoſſible, ou pour le moins treſdifficile de trouuer vne campagne de cinq quarts de lieuë ou plus , sans quelqu'vn de ces empeschemens : Mais ie veux que l'on puisse en trouuer, si les ennemis s'esloignent de telles campagnes, & que rodant çà & là, ils courent & pillent le païs, que seruira contr'eux l'ordonnance de la Falange? laquelle se retenant en des lieux esplanés qui seuls luy sont propres, non seulement ne pourra conseruer le païs amy, mais ne pourra elle mesme subsister, car les conuois de viures & autres necessités luy seront empeschées par l'ennemy qui sera maistre de la campagne sans contredit; si au contraire elle veut entreprendre quelque chose hors des lieux qui luy sont commodes, elle sera aisée à battre? Au surplus si l'ennemy estant d'accord de hasarder bataille en vne campagne esplanée n'expose pas ses troupes en mesme temps,ny toutes d'vn front, pour soustenir l'effort de la Falange,& qu'à l'instant du chocq il combatte vn peu en retraicte; il est aisé de s'imaginer ce qui arriuera, par ce que les Romains font de present; car ce discours n'est point fondé sur des coniectures raisonnables de ce qui seroit faisable,mais sur l'experience du passé. Les Romains donc ne vont pas choquer les Falanges, de toutes leurs legions à la fois rangées en droite ligne de bataille: mais ils en aduancent vne partie pour les combattre , & tiennent l'autre derriere en relais. Reste donc que soit que les Falangites enfoncent de rencontre ce qui se presente deuant eux, ou qu'eux soient enfoncés, l'ordonnance de la Falange se trouue despecée; car poursuiuans les fuyars, ou pliant soubs ceux qui les choquent, ils se desmembrent du reste de leurs troupes, quoy faisant on donne place & ouuerture à ceux qui estoient derriere en relais pour se ietter à la trauerse, & en lieu de combattre de front, attaquer les Falangites par les flancs & par le dos. Puis que donc il est aisé de se donner de garde des auantages & des saisons qui sont pour la Falange, & impossible de se garentir de ceux qui luy sont contraires; n'y a il pas grande apparence que l'ordonnance Romaine & la Macedonienne soient fort inegales ? Au reste, il faut que la Falange marche & campe par des contrées de toutes façons, se saisisse des lieux aduantageux, assiege & soit assiegée, rencontre des païsages & assiettes extrauagantes : Car ce sont là toutes les parties de la guerre importantes à la victoire quelquesfois grandement, quelquefois du tout; en tout lesquelles occur-

rences l'ordonnance Macedonienne eſt fort empeſchante, &
quelquesfois du tout inutile, parce qu'vn piquier ſeul, ny meſme vne Enſeigne de piquiers à part, ne peut bien ſ'aquitter de
ſon deuoir. La Romaine au contraire, en telles occaſions eſt
de tres-grand ſeruice : Car chaque ſoldat Romain en armes
ſaillant au combat, eſt eſgallement propres à toutes ſaiſons,
aſſiettes de lieux & faces de bataillon, & eſt preſt & en pareille
diſpoſition de combattre en corps d'armée entiere, ou legion
à part, ou chaque Enſeigne ſeparément, ou hôme pour homme. Et partant l'ordonnance Romaine ayant ceſt auantage
que l'on peut tirer ſeruice de chacun de ſes membres à part;
l'iſſuë des guerres vient à ſouhait aux Romains pluſtoſt qu'aux
Macedoniens.

V oilà ce que i'ay penſé eſtre beſoin de diſcourir au long ſur
ce ſubiect, parce que la pluſpart des Grecs tenoient pour in-
croyable en ce temps-là que les Romains euſſent vaincu les
Macedoniens, & que depuis pluſieurs ont diſputé comment,
& pourquoy l'ordonnance de la Falange ſe trouue inferieure
à la Romaine.

F I N.

Faulte suruenuës en l'impreſſion.

Pag. 1. ligne 10. & quelle eſt, *liſez* & quel eſt.   p. 10. *en la premiere figure, l'ordre du chiffre marqué ſur les Lieutenans Colonels eſt tranſpoſé en quelques exemplaires, le texte enſeigne à le corriger.* Ligne 8. à les, *liſez* a les.   p. 11. l. 2. pauoiſiez, *liſez* pauoiſez.   p. 17. l. 26. figures, *liſez* figure. Lig. 27. & 28. ſe rangeoit, *liſez* ſe rangeoient.   p. 19. l. 4. par le file, *liſez* par file.   p. 18. l. 7. bien deffet, *liſez* bien plus d'effect. p. 36. l. 2. Epilarchie, *liſez* Epilarchies. p. 37. l. 7. & des chariots, *liſez* & quand aux chariots.   p. 42. l. 13. coſtoyan, *liſez* coſtoyant. p. 46. l. 28. rondaches, *liſez* rondache.   p. 47. l. 10. ordonances, *liſez* ordonance. p. 50. l. 2. trompe, *liſez* trompette.   p. 52. l. 9. 11. 13. 15. de laiſle, *liſez* en aiſle.   p. 53. l. 23. & changeant, *liſez* en changeant.   p. 58. l. 7. ſerrefile, *liſez* ſerrefiles.   p. 81. l. 5. or de telles, *liſez* or de tels quarrez.   p. 83. l. 2. & à, *liſez* & a.   p. 90. l. 12. barbareſques, *liſez* barbareſque.   p. 97. l. 21. Maiſtre, *liſez* Maiſtres.   p. 98. l. 3. legions, *liſez* legion.   p. 100. l. 11. des eſpieux, *liſez* d'entre les eſpieux.   l. 12. quatre doigt, *liſez* quatre doigts.   l. 26. baillottées, *liſez* noires.   p. 101. l. 22. chacune d'iceux, *liſez* chacun d'iceux.   l. 35. Dixainieres, *liſez* Dixainiers.   p. 103. l. 4. hors des bancs, *liſez* hors des rancs.   l. 9. *apres* Infanterie *mettez vn point.*   p. 105. l. 33. cinquieſme, *liſez* cinquieſmes.   p. 106. l. 3. à l'Eſquierre, *liſez* en Eſquierre.   l. 34. bienſeant, *liſez* bienſeante.   l. 38. du champ, *liſez* du camp.   p. 109. l. 10. preſente, *liſez* preſentent.   l. 21. deſlogemens, *liſez* des logemens.   p. 110. l. 15. manuées, *liſez* marquées.   l. 16. receuë, *liſez* receuës.   p. 111. l. 24. quitte, *liſez* quittes.   p. 112. l. 1. il attribuë, *liſez* ils attribuent.   l. 11. leurs eſpée, *liſez* leur eſpée.   l. 12. à coups perdu, *liſez* à corps perdu.   p. 113. l. 26. chez eux: que y *liſez* : ceſt que y.   l. 29. brauer, *liſez* braues.   l. 31. en ruës, *liſez* en veuë.   p. 114. l. 1. d'vn ſeptiers, *liſez* d'vne mine.   l. 2. ſept ſeptiers, *liſez* ſept mines.   l. 3. ſont autant, *liſez* ont autant.   l. 4. vn ſeptier, *liſez* vne mine.   p. 125. l. 30. Cratenus, *liſez* Craterus.   p. 127. l. 15. fouër, *liſez* forcer.   p. 135. l. 33. Simmius, *liſez* Simmias.   p. 139. l. 24. leurs Caualerie, *liſez* leur Caualerie.   p. 142. l. 4. *oſtez* ſe choquerent.   p. 144. l. 11. feit le grand, *liſez* fut le grand.   l. 33. vient, *liſez* veint.   p. 149. l. 12. courſes reduits, *liſez* coudées reduites.   l. 16. corſelets, *liſez* corſelet.   l. 20. dauantage, *mettez vne diſtinction*; l. 21. ſerré, *liſez* ſerrée.   l. 35. l'empeſchant, *liſez* empeſchant.   p. 151. l. 39. en tout, *liſez* en toutes.